杭州职业技术学院职业体验（启蒙）专著研究

青少年职业体验与
职业教育发展研究

范 敏 著

中国纺织出版社有限公司

内 容 提 要

本书内容基于青少年职业教育，由青少年职业体验与职业教育发展的关系分析、理念剖析和工作进展、青少年群体画像、职业体验、职业教育、职业体验和职业教育的关联融合、新时代职业操守、职业教育发展规划等部分构成，主要研究青少年心理特点和职业观念、国内职业教育发展模式与职业体验的基本状况，突出强调了职业体验对职业教育的重要意义和价值，对从事职业教育工作者有学习和参考价值。

图书在版编目（CIP）数据

青少年职业体验与职业教育发展研究／范敏著 . --
北京：中国纺织出版社有限公司，2022.11
　（杭州职业技术学院职业体验（启蒙）专著研究）
　ISBN 978-7-5180-9904-7

Ⅰ.①青…　Ⅱ.①范…　Ⅲ.①青少年—职业教育—研究—中国　Ⅳ.① G719.2

中国版本图书馆 CIP 数据核字（2022）第 181152 号

责任编辑：朱冠霖　　责任校对：王蕙莹　　责任印制：王艳丽

中国纺织出版社有限公司出版发行
地址：北京市朝阳区百子湾东里 A407 号楼　邮政编码：100124
销售电话：010—67004422　传真：010—87155801
http://www.c-textilep.com
中国纺织出版社天猫旗舰店
官方微博 http://weibo.com/2119887771
三河市宏盛印务有限公司印刷　各地新华书店经销
2022 年 11 月第 1 版第 1 次印刷
开本：710×1000　1/16　印张：12
字数：200 千字　定价：88.00 元

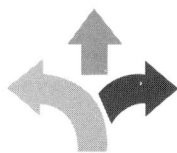

前言
PREFACE

职业教育是以培养实用型、技能型人才为目的的教育培养方式，直接对企事业单位的具体工作岗位所需要的劳动者展开能力和知识教育。教育和就业一体化是职业教育最鲜明的特点。职业体验是职业教育中最特殊的一个环节，这是职业教育实践化最有力的体现，甚至是检验职业教育成功与否的关键标志。

在职业教育过程中融入职业体验教育，充分体现"乐学以致用"的原则，最大限度地减少了人才培养过程中的"枝蔓"，提高了职业教育的效率，强调了职业教育人才培养的指向性。

职业体验教育是现代职业教育体系建设的重要部分，也是横向沟通职业教育与普通教育的起点，对帮助学生了解职业类型，启发职业兴趣，探寻未来生涯职业规划，培养劳动意识、实践能力和创新能力，具有重要的现实意义。职业体验研学基地是进行职业启蒙教育的重要平台，建立职业体验研学基地是落实职业启蒙教育的重要抓手，基地优质职业体验研学课程是实现职业启蒙教育的内容载体。但目前研学基地建设还处于初步探索阶段，基地类型发展不均衡，存在研学资源不足、协调不力以及目标定位不明等问题，其中职业体验研学基地较为缺乏，依托中职学校的实训设施设备、特色专业课程、"双师型"师资团队等教育资源探索建设职业体验研学基地，开发生动有趣、丰富多彩的职业体验课程，一方面有利于统筹区域职业教育资源为职业院校学生开展职业启蒙教育提供实践平台，促进职普教育资源融通，落实职业启蒙教育；另一方面有利于发挥社会服务职能，增强社会对职业教育的认同感，提升职业教育的吸引力，促进职普教育从资源融通走向理念融通，创新职普融通发展路径。

本书由三部分组成：第一部分是绪论，用两章篇幅解释了有关职业教育的部分概念内涵以及国内外职业教育发展的特点，并且讲述了职业教育中理论和实践的关系。第二部分是影响青少年职业发展的因素，从人本主义的立场出发，分析了青少年的生理特点和心理特点，并基于客观实际的发展，分析阐释了职业教育和职业体验中的几大要素，最后得出有关职业教育相关探索路径的结论。第三部分是青少年的职业规划与发展，明确了职业体验的重要性，并且对职业教育未来发展规划提出了探索路径。

范敏

2022 年 7 月

目录
CONTENTS

第三部分 青少年的职业规划与发展

第一部分

绪论

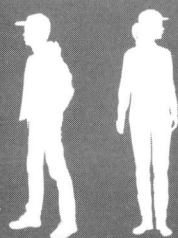

第一章

理念剖析和工作进展

职业教育是以培养实用型、技能型人才为目标的教育，它直接对应企事业单位具体岗位从业需要的知识和能力开展教育，教育与就业的一体化是其最鲜明的点，因而也被称为就业教育。其主要特点是教育的职业性：一方面，依据行业发展状况设置专业，根据岗位从业要求设置课程，根据技能型人才培养要求规范课程实施；另一方面，强调岗位操作能力的培养，强化技能训练，强调校企联合，突出办学的就业导向。

第一节 国内理念解读及成果展示

青少年对于"职业理念"的理解往往处于概念阶段或文字层面，深刻把握职业体验的具体内涵，对于明确该活动设置在青少年职业规划和职业实践中的价值具有正面意义。

一、"职业体验"内涵解读

职业体验是青少年职业化之路的前瞻和铺垫。在学校教育规划和体系培养中，职业体验往往通过实习方式呈现，高职院校学生在企业、单位进行一段时间职业劳动建设和实际体验，从而强化学校教学成果，完善职业意识。

职业体验有定向与非定向之分，但其基本内涵大体一致，要想把握职业体验的内涵，首先需要理解"职业"和"体验"的独立内涵。

所谓职业，从狭义上说是指："个人在社会中所从事的作为主要生活来源的工作。"❶该理念具备一定经济属性和社会因素，强调职业的经济价值，这往往也是大众对"职业"二字的理解。广义的职业则是指个人利用所获知识储备，从事社会劳动生产，从而完成社会物质积累，这既包括精神产出也包括物质产出，同时也能获取精神和物质的补偿。很明显，狭义的理念更加强调个人价值与个人发展，而广义的职业理念更加突出责任意识和对所处行业建设。著名教育学家杜威（Dewey）指出，职业是为他人提供服务，以此实现个人力量的连续性活动。广义上的职业理念，有利于规避狭义理念所带来的"金元主义"和"实用主义"弊端。

所谓体验，是一种超越性经验（the Experience of Transcendence）❷，这要求行为主体必须立足客观世界，能动的反应客观存在，同时把握表现、经验、知识、现实的有机统一。这并不是将"经验"和"体验"对立，而是有机结合，赋予经验个性化意义。体验具备以下因素：情感性因素、个性化因素、亲历性因素，是感性和理性的统一、成本和价值的统一。青少年职业体验活动，需要基于学生学习经验，赋予个人体验学习，从而打造一个统一的有机整体，这是始终需要关心的问题。

职业体验并不是简单地将职业和体验进行物理相加从而完成理论堆砌。因为职业体验并非线性定向的，并非简单地将学生置入实体情境中，机械地完成职业匹配和职业塑造，而是旨在让学生亲身体验职业化的过程，继续完成经验性总结。尤其是在当下，国内产业更新加快，行业筛选成本降低，个人很难像传统农耕时代一样，一生只从事一种职业，个人需要切换职业角色，这需要个人素质全面提升，而非定向拓展。学校教育在青少年职业化路上有一定的职业导向作用，需要输出多元化人才，而非定向职业从事者。同时，职业体验并非绝对的劳动岗，虽然青少年需要在职业体验过程中付出一定的体力劳动和脑力劳动，但是这与职业化仍有一段距离，青少年的情感和价值取向仍与学校时期的认知架构有一定的差异。

职业体验是一种适应过程，而不是一种特定的结果。教育是一种"播种"行为而不是一种存储行为，知识在实践中裂变和更迭。职业体验并非批判性的评估，而是构建一个新的知识架构，以至于能解决当下时代的问题。学生的认知、经验、情感需要整合在一起，通过内省式思考，主动探索，形成核心素养。

我们需要注意到，这种体验更多是实践意义和思考价值的追寻。追寻的过程

---

❶ 中国社会科学院语言研究所词典编辑室.现代汉语词典［M］.7版.北京：商务印书馆，2016:1683.
❷ 张华.经验课程论［M］.上海：上海教育出版社，2001:251.

是自身价值重塑的过程。职业体验能让青少年成为以一个社会生产的参与者，这时候，青少年并不是人口统计学上的个体意义，而是社会大系统中不可或缺的一分子。这是学习和实践所带来的提升：它使得一个人不仅仅是数字变量的意义，而是具备人格理念的社会成员，使一个人变成另外一个人。

二、"职业教育"内涵解读

所谓教育，分为"教"的过程和"育"的过程。前者更加突出知识的传递，这种传递往往是自上而下的，具有一定的单向性；后者强调的是一种发展、培育的过程，是前者的升华和质变，某种程度上，传播者和受众之间具有一定的互动性。在新中国成立后的长期教育实践中，国家的关注点正在向后者变迁。

职业教育同样具备宏观、中观和微观三个层次。宏观上的职业教育是指所有教培均具备一定的职业性质，具备一定的职业导向性，广泛的全民参与性，这里包含了全部的职业技术性传授，既包括人际之间，也包括社会群体之间、群体与个人之间的传授。国内中观的职业教育更多是指教培过程更倾向于包含职业技能操作在内的技术性传授活动，同一般的大众教育是不同或相对的，以专门培训技术人员为目的，增强青少年职业技能操作为方向的教育，通常位于大学教育层面之下，最终结果是培养高级技术性工匠。微观意义上的职业教育侧重在于中观职业教育中的理论部分，可以理解为职业教育中的理论教育。显然，宏观上的职业教育更容易和大众教育混淆，导向性较低，区分度较低；而微观上的职业教育理念又仅仅将教育的范围限制在理论教导操作上，限制条件较多。本书讨论的理念范围主要集中于微观领域，在第二章讨论职业体验和职业教育关系时，会涉及微观领域的讨论。

早在2001年，联合国教科文组织修订了《关于技术与职业教育的建议》，这里将"技术与职业教育"当成一个整体性语言来使用。这里的概念是指教育的过程除涉及一般教育模式外，还涉及和学习、经验、社会生活中与职业内容有关的技术和科学，以及获得相关的现实技能、态度、理解力、知识。这里面包含了大众教育、专业化技能、终身学习、全民参与、可持续发展、扶贫的理念。联合国教科文组织这样的提议，主要是从教育系统内部和外部的联系入手，能获得世界上绝大多数国家的认同，并引起重视，其中也包括了青少年职业教育的精神内涵。

随着国内经济文化水平的发展，职业教育的理念和功能也在不断更迭。传统职业教育偏向于眼下的情境需求，而今天的职业教育更加侧重完全的职业生涯发展，现代社会行业工作者有着不同的价值取向和利益网络，职业变更加快，人才流动循环系统加快，单位个人向社会个人演变，这就使得职业教育目标和功能也在变化。同时，职业教育也在从满足学历门槛向多维延伸，职业教育有学历培训和非学历培训两部分内容，当下的职业需求更多强调职工的全面发展。随着我国与国际交流的加深，人才战略也有向培养国际人才倾斜。

在我国，职业教育分为两部分：中等职业教育和高等职业教育。1996年，《中华人民共和国职业教育法》将职业教育分为"初、中、高"三等级。后经调整，"初等职业教育"已是九年义务教育的一部分；"中等职业教育"是指高级中学阶段的职业教育，培养学校一般被称为"中职学校"；"高等职业教育"是大学阶段的教育，培养学校一般称为"高职院校"。随着我国经济形势的变更，国内的人才培养模式发生了巨大的变革，国家越来越侧重职业教育的发展。在2022年5月教育部举行的新闻发布会上，教育部教师工作司表示，自党的十八大以后，职业教育教师队伍发生了深刻的变化，各项制度基本确立落实，教师整体素质有了很大的提升。全国中职教师，从2012年的111万人增加到2021年的129万人，增幅17%。同时，教师呈现年轻化的特点：50岁以下的教师，中职学校占比80%，高职院校此项占比83%，中青年正成为职业教育教师的骨干力量。从学历上讲，中职学校本科以上学历的教职工占比94%；高职院校本科以上学历的教师占比99%，研究生学历占比41%。经过不懈努力和发展，长期以来职业教育教师学历不达标的情况得到解决。

（一）中等职业教育

中等职业教育是我国职业教育体系中的重要组成部分。在我国实施中等职业教育培训的学校一般有四种：中等专业学校、职业高级中学、技工学校和成人中等专业学校。1985年，我国确立了中等职业教育的基本培养目标。当时，我国的社会生产力还十分落后，同当时世界强国有着巨大的差异，在社会主义现代化建设过程中，既缺少高级工程师，也缺少一线技术工人。培养千百万受过良好职业教育的中、初级技术人员、管理人员、技术工人和其他受到良好职业教育的城乡劳动者是当时职业教育的发展目标。2000年3月，随着改革开放的深入以及步入新世纪的人才需求变更，教育理念转向全面发展这一方向。我国职业教育逐步侧重人的多元发展和能力本位。2020年教育部关于全面推进素质教育、深化中等职业教育教学改革的意见（教职成〔2000〕1号）明确指出，传统的培养熟练技术人才的思路转变为"在生产、服务、技术和管理第一线工作的高素质劳动者和中级专门人才"。同时，教育部也进一步明确了中等职业教育的学制基本为3~4年，以3年为主。在经过十年耕耘，2010年，全国中等职业教育学校共计13872所，总招生人数为870万人，占高中教育学段招生人数的50.94%，在校总人数为2238.5万人。❶民间所说的"五五分流（普通高中和职业高中入学人数各占50%）"现象基本定型。随后，我国高考扩招趋势明显增强，国内经济结构从倾向速度逐步转向倾向质量上来，国内的中等职业教育资源开始整合，中等职业学校更加侧重人才培养的质量，学校之间整合甚至合并办学，截至2019年，我国中等职业学校为7686所，较2012年减少了2076所。❷

（二）高等职业教育

我国的高等职业教育在近年来愈发受到重视，部分高校开始向应用型高校转型。我国从事高等职业教育的学校包括职业技术学院、高等专业学校、短期职业大学、普通本科院校举办的高职学院和部分普通本科院校。高等职业教育招收的对象往往需要具备高中文化或是同等学历者，为一线专门培养高层次的技能型人才的专门教育。2006年《教育部关于全面提高高等职业教育教学质量的若干意见》（教高〔2006〕16号）明确指出，高等职业教育肩负培养一线需要的高级技能人才的使命，在我国加快推进社会主义现代化过程中有着不可替代的作用。高等职业教育是高等教育，是职业教育，是职业教育阶段的高等阶段的教育。在类型上，高等职业教育属于职业教育；在层次上，同中等职业教育相比，高等职业教育强调技术性和职业性，高等职业教育也是高等学历教育。1988年颁布的《中华人民共和国高等教育法》就明确规定了高等职业教育的学制为2~3年。20世纪90年代，全世界都在推动职业教育的发展，我国也十分重视高等职业教育的建设。2009年，高等教育专科层次招生人数为313.38万人，在校生人数为9654.81万人。❸2011—2020年，我国高等教育院校平均每年新增20所，从1280所增长到了1468所。

---

❶ 教育部.2010年全国教育事业发展统计公报［N］.中国教育报，2011-07-06（2）.
❷ 教育部.中国中等职业教育质量年度报告（2020）［M］.北京：高等教育出版社，2020.
❸ 国家统计局.2010中国统计年鉴［M/OL］.http：//www.stats.gov.cn/jsj/ndsj/2010/indexch.htm，2010.

（三）专业衔接和学段衔接

职业教育的专业设计，是各个阶段的职业教育工作者按照社会职业、学科文化、经济发展状况以及社会需要而划分的职业学业门类。[1]在口语和习惯上，我们称为"专业"，其实这都是承担职业教育的载体，从事职业劳动需要的本领要通过职业教育获取。职业性就是任何劳动或职业教育是在以职业的方式进行。职业教育专业和专业之间存在联系，这建立在职业特征的基础上。以"职业"形式运行的职业教育的专业应该凸显职业的主要内涵。专业的设计必须从四个维度考虑：专业划分与相关职业的资格具有一致性，专业培养目标和职业功能具有一致性，专业社会认同与职业的社会地位具有一致性，专业的教学过程与职业的具体劳动具有一致性。这里有两个容易混淆界限的内容：一是职业教育和普通教育。职业教育本身就区别于普通教育，专业设计和学科分类的逻辑不同，对学术性的侧重程度也不同。职业教育也有必要的通识文化课程，也纳入了普通教育的内容，但职业教育不是普通教育的"删减版"。二是职业教育和社会职业。职业教育也不完全等同于社会劳动岗位，与社会劳动之间不能完全对等。

如果一名学生完成中等职业教育后选择升学，并继续完成高等职业教育。那么这两种阶段的职业教育就实现了衔接。《教育部关于推进中等和高等职业教育协调发展的指导意见》（教职成〔2011〕9号）文件指出，要根据经济发展和社会发展情况，确定好中等职业教育和高等职业教育之间的衔接问题，做好专业衔接的设置。围绕国家制造业发展的重点方向、战略性新兴创新发展工程和生产性服务业等需要，逐步编制和推广高等职业教育相衔接专业教学标准，为技能型人才培养提供教学基本规范。专业衔接是中高等职业教育"十个衔接"的基础。两个阶段的专业目录是研究职业教育衔接工作的指导工具，中高等职业教育衔接的研究模式是研究专业衔接的现实载体。

（四）职教先驱黄炎培

黄炎培（1878—1965），生于江苏省川沙县（今上海市），师于蔡元培，新中国成立后，任全国人大常委会副委员长和全国政协副主席，中国杰出教育家和社会活动家，病逝于北京。

---

[1] 刘春生，徐长发.职业技术教育［M］.北京：教育科学出版社，2002:112.

1899年，21岁的黄炎培在松江府取中秀才。1903年兴办小学堂。1914年，随中国游美实业团体在美国考察50余所学校，尤其注重考察美国的职业教育。1917年赴英国考察，随后同教育界知名人士于上海发起中华职业教育社。1918年，创建中华职业学校（现中华职业学校、南京工业职业技术大学）。此后几十年间的教育社会活动主要通过中华职业教育社呈现。

黄炎培认为，随着社会生产力的变更，教育和社会关系日渐紧密。教育必须面向社会，职业教育应当适应社会需求变更，必须面向社会培养人才，这也是社会化的进程。另外，职业教育也要积极参加社会实践，主动变更社会，推动社会发展，以此来为职业教育的发展扫清障碍，职业教育本身就是一项系统的社会工程，依赖于社会各利益方的支撑。

马克思主义认为，社会进步由生产力和生产关系推动。从根本上讲，职业教育是在一定的经济建设中规划的，经济因素对职业教育的发展起到决定性作用。在以往的时间里，经济发展推动职业教育发展，从而推动社会观念的发展，这会有利于教育本身发挥出其最大潜能，从而形成良性循环体系；相反，如果职业教育无足轻重，则会形成恶性循环。

黄炎培认为："教育不发达，固宜提倡职业教育；即教育发达，更宜提倡职业教育。"[1] 他认为，人类所创造的物质世界无不处于人类需求之中，而人类生存方式不尽相同，这使得需求各异。职业教育，就是要把人类需求连接成工程图案，建筑在根据有组织、有分工的园地上。

黄炎培认为，人类进入工业时代，职业教育的重要性不言而喻。他断定，经过两次世界大战后，职业教育"而益广其信仰"[2]，职业教育的发展只会向前不会落后，职业教育只能扩展，不能减跌。同时，黄炎培认为，职业教育的兴起和发展，是基于社会需求的培养模式。洋务运动之后，这种教育模式遭到质疑，因为中国职业教育发展高峰期是第一次世界大战期间，民族资本主义迅速发展，大批受教育的民众流入社会，但是高级技术人员与资深管理人员却十分短缺，这种情况对职业教育发展产生了挑战。

抗日战争时期，黄炎培提出职业教育为民族解放做铺垫的思想，他提出："吾

---

[1] 田正平，李笑贤.黄炎培教育论著选［M］.北京：人民教育出版社，1993:201.
[2] 中国社会科学院近代史研究所.黄炎培日记摘录［M］.北京：中华书局，1979:66.

们相信，职业教育，只有在民族解放、民权平等、民生幸福的社会，才能实现他的造福人群的理想。"❶

新中国建设探索时期，有人以苏联没有职业教育为由，否定职业教育的价值，黄炎培坚决反对并给出指导性意见，最终《中国人民政治协商会议共同纲领》中保留"注重技术教育"。黄炎培始终强调："职业教育本来在理论上着实站得住的。'后稷教民稼穑'，就是说明了一部社会发展史。"职业教育的地位取决于社会的认知程度，仅仅依靠政府推动、职业教育家奔走是不够的。黄炎培一代前辈对职业教育的宣传，在一定程度上改变了新中国对职业教育的偏见和误解，但是确保职业教育真正地发展并对社会发挥作用，即使是今天，依旧任重道远。

黄炎培是一位融汇古今、贯通中外的人，其本身有着朴素的民族主义理想，也接受了西方新思想。经过考察研究他发现，传统科举制度的崩解使得接受过传统教育的人难以苟活；同时，落后的社会文明也让接受新式教育的人难以谋生，但是传统社会的虚文方式只能让位于工业文明大机器生产模式下的新式教育。

三、国内职业教育工作实践

（一）基础实践

2019年，国家出台《国家职业教育改革实施方案》（职业教育20条），明确指出职业教育和普通教育是两种不同类型的教育，但是具有同等重要的地位，强化职业教育是深化教育改革的一大突破口。❷

据由中国教育科学研究院和全国职业高等院校校长联席会议共同编著的《2021中国职业教育质量年度报告》资料显示，我国职业教育工作进展呈欣欣向荣趋势。基于1346所职业教育学校的基础数据，该报告翔实地写明了中国职业教育发展现状。

北京市昌平职业学校建立了全员、全过程、全方位、全要素的资助诊断、持续改进的培养机制，学校自身建立了大数据平台，对毕业生进行实时追踪培养模式，每年根据实况报编，学校系统诊断、分析问题、优化方案一并上报。不断深

---

❶ 中华职业教育社.黄炎培教育文集（第四卷）［M］.北京：中国文史出版社，1995:20.
❷ 方绪军，王屹.2018年职业教育国家级教学成果奖获奖特征分析与发展趋势［J］.职教论坛，2019（2）:60.

挖教学成果，培养新时代职业人才。

应用型本科教育也是职业教育的一部分内容，由于其人才培养目标与社会需求高度吻合，越来越受到关注。2014年2月国务院常务会议通过了《事业单位人事管理条例（草案）》，确定了引导一批普通本科高校向应用技术型高校转型的战略，打通中职、专科、本科到研究所的上升渠道。转型已成社会共识，教育部要完成全国600余所地方本科高校向应用技术型高校转型。2021年，全国高校毕业生人数达900万，同比增长35万，然而根据各地实际调查，众多企业难以招到所需的大量应用技术型人才。这就导致一方面人才供给过剩，一方面人才需求得不到满足的局面，从而产生了人才输出和人才需求之间的矛盾，出现毕业后结构性失业的场面。职业教育培养应用人才已经到了急需的地步。部分高校积极向应用型高校转型，新建地方本科院校向高等教育管、办、评分离方向突破，允许二级学院实行校企合作，采取市场化方式引进技术，建设生产化实训基地。云南省有3所师范类高职院校，在2014年招生门类中分为职业类和教育类，覆盖了基础教育、农业、信息、经济、旅游等行业，3所学校转型路径基本一致，均将学校发展融入地方经济发展之中，输出"教育类"和"应用型职业技术类"两大群体。

国内整体趋势是向增强职业教育办学活力方向推进，建立校企合作的新模式，建立行业企业和学校紧密结合的机制，加大课程改革力度，加强学生生产实习和社会参与，提高学生的实践能力和创新水平。学校已经在向"企业所需，学校所育"方向推进，在办学模式和专业设置上向社会实际去转变，逐步多渠道优化课程设计，增强教学的实践性和针对性，提高教学水平和质量。

（二）规模实践——以职业教育国家级教学成果奖为分析视角

1989年，全国普通高校开展首届教育成果奖，每4年进行一次评审。2014年，首次覆盖各级各类教育。2018年的教学成果奖延续了2014年的评选结果，分为基础教育、职业教育、高等教育三大类。

职业教育国家级教学成果奖是我国职业教育领域非常权威的国家级奖励，代表了我国职业教育教学领域的领先水平，是职业教育成果的直接体现，对于把握职业教育走向有着极大意义。

2018年，职业教育国家级成果奖推荐单位包含了31个省份、行指委和军队系统，推选了1054项参与评选，最终451项获奖（表1-1）。

表1-1　获奖成果地区分布情况　　　　　　　　单位：项

地区	省/军/直辖市	获特等奖	获一等奖	获二等奖	获奖总数
东部	北京	0	2	10	12
	天津	0	3	10	13
	河北	0	0	6	6
	上海	0	2	14	16
	江苏	0	9	37	46
	浙江	0	5	26	31
	福建	0	0	11	11
	山东	1	3	37	41
	广东	1	3	34	38
	海南	0	0	3	3
	辽宁	0	0	8	8
	合计	2	27	196	225
中部	山西	0	0	4	4
	安徽	0	2	5	7
	江西	0	0	10	10
	河南	0	0	3	3
	湖北	0	1	11	12
	湖南	0	3	16	19
	吉林	0	0	6	6
	黑龙江	0	0	7	7
	合计	0	6	62	68
西部	内蒙古	0	0	2	2
	广西	0	3	12	15
	重庆	0	1	16	17
	四川	0	2	12	14
	贵州	0	0	8	8
	云南	0	0	2	2
	西藏	0	0	1	1
	陕西	0	2	13	15
	甘肃	0	1	2	3
	青海	0	0	0	0
	宁夏	0	0	2	2
	新疆	0	0	2	2
	合计	0	9	81	81
其他	行指委	0	5	52	57
	军队系统	0	3	17	20

根据表1-1可以看出，各省份之间的差异性较大，东部地区明显优于中西部地区，获奖总数排名前四的江苏、山东、广东、浙江四个省份均位于东部地区，且仅有的两个特等奖也位于东部两省。

1. 获奖成果类型

根据国家职业教育教学成果奖成果的类型划分，将获奖成果按照中职、高职和其他类型分为三类（不包含军队系统），并进行分析，得出表1-2所示结果。

表1-2　职业教育国家教学成果奖获奖类型分布情况　　单位：项

地区	获奖级别	中职成果类型	高职成果类型	其他成果类型	合计数量
东部	一等奖及以上	9	20	0	29
	二等奖	72	118	6	196
	小计	81	138	6	225
中部	一等奖及以上	1	3	2	6
	二等奖	13	45	4	62
	小计	14	48	6	68
西部	一等奖及以上	3	6	0	9
	二等奖	20	51	1	72
	小计	23	57	1	81
行指委	一等奖及以上	0	4	1	5
	二等奖	2	47	3	52
	小计	2	51	4	57
总计		120	294	17	431

如表1-2所示，一等奖及以上累计49个项目，高等职业教育获奖33个项目，占比67.35%；在二等奖获奖成果中，高等职业教育获奖占比68.32%。总体来看，高等职业教育总的获奖成果数量是中等职业教育获奖成果数量的2.5倍。从各地区的获奖成果类型分布来看，包括行指委在内的各地区，高等职业教育类型的教学成果获奖数量都超越了中等职业教育类型成果。三大地区高等和中等职业教育成果占比差异性从大到小分别是：中部、西部、东部。高职和中职获奖数量的比率为3.43倍、2.48倍和1.70倍。

2. 获奖项目涉及专业

对414项属于中等职业教育和高等职业教育的获奖项目的专业大类进行分析，统计结果如表1-3所示。

表1-3 中高职业教育成果涉及专业分布情况   单位：项

成果类型	所属区域	面向所有专业	特定专业类	公共基础课	合计
高职	东部	42	92	4	138
	中部	12	33	3	48
	西部	18	39	0	57
	行指委	13	38	0	51
	小计	85	202	7	294
中职	东部	41	38	2	81
	中部	6	7	1	14
	西部	8	14	1	23
	行指委	0	2	0	2
	小计	55	61	4	120
合计		140	263	11	414

由表1-3可知，无论是高等职业教育还是中等职业教育，获奖项目的数量都是面向特定的专业优于面向所有专业，同时面向所有专业优于公共基础课。在高等职业教育成果数量中，三者占比分别为68.71%、28.91%和2.38%；在中等职业教育成果数量中，三者占比分别为50.83%、45.83%和3.34%。从各地区和行指委获奖项目的专业类型分布来看，高等职业教育成果的各地区专业类型比例差异不大；但在中等职业教育成果中，东部地区获奖项目面向所有专业比例超过面向特定专业项目。这也说明，在当下职业教育取得成果之中，东部地区更趋向综合性研究。

3. 获奖项目完成单位

对451个获奖成果的完成单位进行统计，结果显示共计888家单位参与，其中有95家参与了两项以上。这里需要强调第一完成单位，即在成果完成中排名位列第一的单位，往往该单位在项目实践中，承担了主要任务或者比其他协同单位更加重大、艰巨的任务。因此，按照单位性质，将获奖项目完成单位划分为高职院校、中职学校、应用本科、研究机构、军事院校、企业单位、其他，对第一完成单位进行统计，结果如表1-4所示。

表1-4 职业教育国家级教育成果奖第一完成单位   单位：项

完成单位分类	特等奖	一等奖	二等奖	合计	占比（%）
高职院校	1	32	259	292	64.75
中职学校	1	10	67	78	17.29
应用本科	0	1	16	17	3.77

续表

完成单位分类	特等奖	一等奖	二等奖	合计	占比（%）
研究机构	0	2	24	26	5.76
军事院校	0	3	17	20	4.43
企业单位	0	0	2	2	0.44
其他	0	2	14	16	3.55
总计	2	50	399	451	100

从表1-4可知，两个特等奖均属于职业教育院校，获奖完成项目数量第一的是高职院校，其次是中职学校，并且高职院校完成数量优势巨大。这也说明了职业教育成果奖大多由位于教育一线的院校完成，且高等职业教育院校成为主力军；一些相关行业单位，甚至是跨行业单位的研究也获得了一定认可，说明职业教育也受到社会各界的关注。

4.获奖成果完成单位的合作模式

从完成结果的合作情况来看，由一所院校独立完成的项目有182项，占总数的40.36%；由两个单位合作完成的项目有101项；由三个单位合作完成的项目有67项；由三个以上单位联合完成的项目有101项；多家单位合作（两个以上）的项目有269项，具体如表1-5所示。

表1-5 职业教育国家级教学成果奖完成单位合作方式　　单位：项

类型	独立完成	两个单位合作	三个单位合作	三个以上单位合作	总计
中职	52	19	16	33	120
高职	105	80	49	61	294
军队	20	0	0	0	20
其他	5	2	3	7	17
总计	182	101	67	101	451

从表1-5可以看出，中等职业教育中，独立完成的项目最多，三个单位合作的比例最低；从总的数据来看，多个单位共同合作（两个及以上）的数量占比为56.67%。在高等职业教育中，独立完成的为105项，占比35.71%，多个单位共同合作（两个及以上）占比为64.29%，高等职业教育成果以合作的方式完成的项目比中等职业教育成果多出125项。数据有力表明，高等职业教育合作研究的力度大于中等职业教育合作研究。

5.获奖项目主体分布

表1-6为主体项目分布情况。从中可以看出，人才培养模式改革有191项，位列首位，且远超次位。可以看出，人才培养模式改革仍然是职业教育关注的焦点问题和未来职业教育发展的重要方向。

表1-6　职业教育国家级教学成果奖成果主体分布表　单位：项

研究主题	特等奖	一等奖	二等奖	合计
人才培养模式改革	1	23	167	191
制度与管理创新	0	4	44	48
专业建设	0	8	22	30
课程与教材改革	0	0	32	32
教学改革	1	9	83	93
师资队伍建设	0	1	14	15
质量保障体系	0	1	11	12
人才素质培养	0	1	14	15
其他	0	3	12	15
合计	2	50	399	451

从表1-6可以看出，人才培养模式改革和教学改革占比突出，改革仍然是未来职业教育的方向。同时，教学相关的一线领域改革受到重视。

6. 成果主体的完成方式

对九类成果主题获奖项目按照独立完成或者合作完成的类型进行数据统计，分析不同类型的主体对职业教育热点问题的敏感程度，如表1-7所示。

表1-7　获奖成果研究主题涉及的单位合作类型分布情况　单位：项

研究主题	独立完成			合作完成					合计
	高职	中职	其他	校际	校企	校研	其他两类合作机构	三类以上合作机构	
人才培养模式改革	47	19	5	54	54	3	16	35	191
制度与管理创新	13	2	3	13	13	1	3	9	48
专业建设	10	3	1	7	7	0	4	4	30
课程与教材改革	11	0	7	4	4	0	3	4	32

续表

研究主题	独立完成			合作完成					合计
	高职	中职	其他	校际	校企	校研	其他两类合作机构	三类以上合作机构	
教学改革	12	11	12	27	27	5	7	13	93
师资队伍建设	3	2	3	1	1	0	2	1	15
质量保障体系	3	0	2	3	3	1	2	1	12
素质培养	4	3	1	2	2	2	0	3	15
其他	1	2	2	2	2	1	3	4	15
合计	104	42	36	113	113	13	40	74	451

从表1-7可以看出，只有课程与教材改革、师资队伍建设、素质培养这三类主体的成果的数量，是独立完成多于合作完成的，其他项目均是合作完成多于独立完成。在独立完成的项目之中，高等职业教育院校研究主题集中在人才培养模式改革、制度与管理创新、教学改革和课程与教材改革之中；中等职业技术学校集中在人才培养模式改革和教学改革中。从合作完成的项目中，校企主体主要是关于人才培养模式改革、教学改革和课程与教材改革为主，其中人才培养模式改革占据了突出地位。

（三）基本结论

通过对以上数据分析并结合当下职业教育建设和发展成果，可以得出以下结论。

一是地区获得职业教育奖项的数量和等级能从一定程度上反映地区职业教育的宏观水平和能力。经济水平是推动教育发展的重大因素甚至是最重要的因素。从数据上看，地区经济能力和职业教育获奖数量呈现一定的正相关。东部地区高于中部地区，中部地区高于西部地区。同时，我们也可以看出，经济水平越高的地区，教学改革的能力和水平越高。

二是从获奖成果类型上看，高等职业教育的成果获取数量占据了总数量的三分之二左右。但是，全国高等职业技术院校约有1400所，中等职业技术学校约有3300所，对比两组数据可以看出，高等职业技术院校在教育改革中占据了主导地位，且改革的趋势十分显著。从获奖的质量（层次）上看，高等职业教育的获奖成果远超于中等职业教育的获奖成果，但是这种差异和经济水平基本呈现出负相关，即中部地区高于西部地区，西部地区高于东部地区。这也可以预测性地说，随着经济水平的发展，中等职业教育和高等职业教育改革差异会逐渐缩小，职业教育系统性改革能力将会增强。

三是从获奖所属的专业大类上看，职业教育覆盖领域十分广泛，相比非特定专业的成果，职业教育的成果涉及特定专业的获奖总数占比最大。这体现出，国家发展方向和国家政策引导、经济发展、科技突破方向息息相关。职业教育在和社会紧密联系中发展，并非"无拘无束"地发展。

四是获奖的451个项目，由888家单位独立完成或者共同完成。但是从数据上看，无论是一等奖还是二等奖，超过85%的项目都由教学机构完成，两个特等奖均由职业院校完成。这充分说明，一线教育机构是职业教育发展和改革的主力军，尤其是高等职业技术院校更是起到了"排头兵"的作用。数据显示，跨界、跨类别的单位也参与了职业教育之中，这和我国"校企合作""产教融合"的趋势政策有关。这也说明，社会在普遍关注着职业教育，并参与到了职业教育的发展中。

五是从获奖主题上看，在宏观层面上，成果类型包含人才培养模式改革、制度与管理创新和质量保障体系；中观层面上，集中在教学改革、专业建设和师资队伍建设；微观层面上，主要是课程与教材改革。从数据上看，多数成果集中在人才培养和教学上，可见这二者在职业教育中的地位。同时，以人才培养模式改革为主题的获奖项目中，校企联合申报的有54项，是该主题获奖成果最多的一类，侧面反映了我国校企合作的进程，并取得了一定的效果。

第二节　国外理念研究及优势

一、德国职业教育发展现状

（一）工业4.0推动职业教育4.0

工业4.0（Industry 4.0）是基于工业发展不同阶段划分的，俗称第四次工业革命（图1-1）。工业1.0是蒸汽时代，工业2.0是电气时代，工业3.0是信息化时代，工业4.0是智能化时代。工业4.0项目由德国联邦教研部与联邦经济技术部联合扶持，其中德国工程院、西门子公司等德国学术与产业界建议和推动下形成，目前已经是德国国家战略的一部分，联邦政府计划投入2亿欧元扶持该项目。2013年4月，汉诺威工业博览会正式推出该理念，此后迅速成为德国的标签，并且在全球引起轰动。

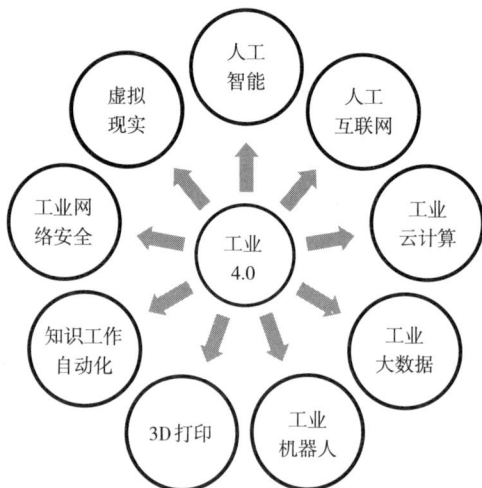

图 1-1　工业 4.0 概念内涵理解图

随着工业4.0理念的不断推进，德国对这一背景下的人才培养的关注度日益提升，职业教育4.0逐步成为全社会的共识，职业教育类学校快速发展。

2020年，工业4.0成为德国高新科技战略框架内未来实施的战略工程，人才培养计划一早就被纳入其中。早在2012年，工业4.0工作组就将"人机交互：人才培育、职业教育与继续教育"作为六大特别行动领域之一，随后的《"工业4.0"未来工程实施建议——"工业4.0"工作小组最终报告》明确将人才培育和职业教育与继续教育划入六个重点行动领域。政府采纳此次建议并于2013年4月成立工业4.0平台，在其中建设了"劳动、职业教育与继续教育"工作组，着力推动相关领域发展，并提出建议。

2016年1月，联邦教研部（Bundesministerium für Bildung und Forschung，BMBF）印制的宣传册第一次出现了《"职业教育4.0"框架建议》，同年4月教研部开始实施该计划，职业教育4.0从此进入联邦政务。

综合而言，职业教育4.0本身在为工业4.0的愿景服务，为其输送专业化的人才，就人才培养而言，其更强调人才的数字涵养与社会能力。广义来说，职业教育的发展依托社会经济、科技、劳动力配置的变化而变化。聚焦于职业水平要求在劳动力数字化转型中的变化以及基于这种变化使职业教育在劳动力培养方面的创新。德国不断对职业教育的探索是多方面的，包括劳动资格、劳动能力、职业教育标准、职业教育理念、教育教学技术、教学方式和模式、教学内容、教学资源等方面，并且在教育政策、教育研究、教育实践方面均有不同侧重。

师资建设战略计划是德国职业教育4.0中的重要组成部分，德国许多职业教育学校本身面临一定的欠缺和压力，如何扩建师资队伍，提升师资力量和水平，成为一代人的问题。经过实践探索发现，校企合作、联合培养成为一种重要途径。

校企合作是一种多元主义途径路线，对于提升师资理论力量和实践支撑起到了重大作用。多元主义的培养孵化方案，不仅给师资建设提供巨大帮助，也给学生职业体验提供有益探索。联邦政府出台激励性的政策，刺激教职工前往企业学习。同时学校会给予教师一定补助，计算教师工作量，切实解决教师企业锻炼的后顾之忧。部分完全脱产学习的教职工，个性化定制资助方案，保证企业学习物有所值。学校不仅是打造实践性教师体系，更是打造以培训为目的的师资储备工程。从企业端口而言，企业可以委托学校项目教师和企业管理人员共同定制项目培训方案。对于成果建设，企业邀请专家评估验收，并且给予教师奖励，院校和企业共商共建，极力提升教职工成长。

此外，兼职教师建设也是重要一环，德国在优化教师结构方面下了功夫。职业教育学校除了面临师资不足的情况，还面临因为社会结构转型太快，原有师资专业力量明显不够的情形，新生代教师毕业不久缺乏一线经验，这直接导致了学校的教学能力不足。为此，德国专门启用了兼职教师系统，从校内行政人员或企业高级技术管理人员入手，聘用本专业、本领域内资历丰富、收入水平较高的职工，担任教学工作、分担教学任务，来弥补师资不足的情况。与专职教师相比，兼职教师有着更多的实践背景，有着不同的学术风格，特别是企业的兼职教师，他们有着极高的市场意识，十分重视教学理论的实际应用能力，为教职工体系注入新的血液。兼职教师系统也极大提高了学校的师资竞争意识，也加大了师资之间交流的深入，逐步探索出别具一格的"双视"培养体系。从另一个维度而言，兼职教师体系使得教育系统更加贴近市场需求，对企业聘用也提供有益探索。与原有师资配比成本而言，兼职教师成本极低，降低了学校的开支负担。德国双元制模式最大的特点就是将企业和学校极大融合实现资源的有效配置，从理论到实践，从学习到体验，均非独立配置。一支真正的双元制师资体系，成为德国职业教育快速发展的后备保障。

对于师资门槛的把控，德国有着非常严格的准入制度。所有教师，不区分行业，不区分层次，均需要经过严格的培训和考试，通过方可颁发对应的教师资格证。德国职业学校的教师，分实训方向和理论方向，但是无论是哪个方向，均需要具备一定的双师素质，具备一定是实践和理论经验。德国的职业教师均需要两次学习，通过两次职业教师考试，所有老师具备两种素养：理论素养和工作经验。两次国家考试，第一阶段是完成四、五年职业教育师范类本科学习，此后准入参加第一次国家考试；通过后仍需完成两年实习或见习，可以准入第二次国家考试，严格的准入制度，使得通过考试的教师可以具备理论知识和企业经验，这是典型的双师制度。双元制的师资建设体系的成功离不开法律的支持。德国通过了《职业教育法》《培训员资格条例》《教师培养教育法》《职业学校教师培养框架协议》《实训教室资格条例》等多项职业教育师资培训法规。

双元制培养下的学生，综合素质明显提高。学生一半的时间位于学校学习完成理论部分，一半时间位于企业完成职业技能部分。与就业不仅能实现无缝对接，还可以获得一部分实习收入。对于企业来说，可以通过实训，预先筛选熟练技术人员，培养适合企业发展的员工。学员也可以及时了解企业文化和管理制度，利于双方的双向选择。双元制一般学制是3年及以上，完成学业后，还需完成国家资格考试，拿到国家执业资格证书，这也为企业人才孵化提供垫底保障。事实上，德国工艺能笑傲全球，离不开职业教育培养的千千万万崇尚"工匠精神"的技术工人，德国之所以能有许多工业工艺界的世界级领先水平，离不开顶尖的技术工人支撑。而这些技工的收入也颇丰，高级技工的收入能超过大学教授或医生。

进入21世纪，工业4.0战略的落地极大提高了职业教育4.0的推进。联邦教育部在2015年与大众汽车联合开展了相关项目，2016年又启动了"促进企业职业教育机构及能力中心数字化"项目，大力支持企业职业教育适应当下的数字化需求，更新企业生产设备，同时也促进课程质量、教育方案和教育模式的创新。

（二）德国职业教育的优势

德国双元制的教学组织形式具有以下优点：

一是有利于充分发挥企业实训实操教师和院校理论教育教师的各自优势，实现理论和实践的互补，理论指导实践，实践完善理论。在双元制的教育中，实训教师和职业教育理论教师在教学要求上有着很大的差异，实训教师擅长技术的培训，实训教师也掌握着最新的技术动向和可以直接复刻学习的技术操作手段。职业学校教师进行理论教育，包括文化课程、机器构造、运行原理和思维扩散课程。双方充分发挥了各自岗位的优势，从而为学生受到良好的专业理论培养和技能培训创造了良好的条件。

二是有利于教学和实践的交替进行。双元制的教育过程中，学生的理论学习和实践教育是交替进行的，用实践巩固理论知识的吸收，又可以拓宽学生的视野，获得第一手经验，从而又获得了良好的感性认知基础。为了加强理论和教学之间的联系，德国非常重视学校教学和企业培训章程之间的协调和对接，为此还采取了多种协调方式：设立专门的协调委员会，负责学校课程和企业实操之间的章程；加强学校教学计划设计部门和企业实训章程制定部门之间的联系；进行教学内容审批部门之间的协调；设置企业实训教师和院校教师之间的联席会议；实训教师和院校教师分别前往对方单位接受一定的培训和教育，互相了解对方的情况。

三是有利于将最新技术和最新理念同步带入教学之中。双元制职业教育企业和院校之间密切联系，一线技术革新成果也能第一时间带入教学之中，并且应用到教学之中。从而使教育的内容能和实际发展的内容保持一定水平上的同步。

四是激发学生的学习兴趣。双元制的教育模式使得学习和实践紧密结合。学生的书本知识能快速应用到实践中去，无疑可以使学生获得兴奋的情绪体验。而这，恰恰是激发学生持续学习的动力。理论联系实际，在实践中运用知识理论。这是对知识力量最直观的感受方式，从而产生继续学习的感受，把书本知识应用于实践，解决实践中的问题，可以使学生感受到前所未有的意义，也可以刺激学生激发解决问题的意识，以及为了解决问题、寻找答案的意识，进一步激发学生学习的欲望。

五是有利于学生形成良好的劳动态度。在双元制的教育模式中，学生必须在企业生产的现场完成实训阶段的教育，在具有丰富经验的实训教师的指导下完成技术上的操作学习，在众多工人中间接受实践培训，工人们对工作认真负责的态度必然对学生产生潜移默化的影响，这有利于学生树立良好的劳动态度和工作习惯。

六是有利于实现从学校到社会的过渡。增强学生对工作和职业的适应性问题，学生长期置于现实的工作环境之中，这对学生处理同事之间关系、适应职场环境都有着良好的作用。有利于学生了解社会、了解职场。双元制的教育模式，让学生深入了解工艺设备的加工工艺，了解企业管理情况，加深对将要从事的事业的认识，这一切都有利于学生将来更好的就业。

七是使育人单位和用人单位实现有机统一。双元制的教育模式中，企业根据市场动向和自身需要培养学生，并且联合学校设置相关专业，从而使育人单位和用人单位实现有机统一，企业可以从源头培养自己所需要的人才，择优录取技术熟练的工人，也有利于提升国家的就业率。

二、荷兰职业教育发展现状

（一）能力本位与工学结合

职业教育是荷兰经济发展繁盛的基础，被认为是国民经济命脉，政府对此极度看重。荷兰的职业教育体系完备，手段灵活，发展多样化，对于我国建设现代化职业教育体系有着一定参考意义。

起初的荷兰职业教育没有充分考虑市场的需求，人们普遍认为荷兰的职业教育"太学术化"，以至于年轻人的职业技能无法满足社会生产的需要，劳动力的迁徙会受阻。1996年，荷兰政府进行回应，颁布了《职业与成人教育法》，其中明文规定，无论是全日制学生还是学徒课程，都应该有20%~60%的课时在工作场所进行。该法律的颁布具有极大意义和价值，一度被认为是荷兰的职业教育体系向追求学习成果的进程方向转变的标志。然而，一部法律远远不足以让整个职业教育结构的体系发生根本性扭转。步入21世纪后，荷兰越来越重视"工作本位学习"。短短几年的转型，市场上增加了700余个工作职业。但是这并没有完全掩盖住民众的呼声，甚至出现了以往闻所未闻的声音：职业资格过分注重实操技能的培训，从而忽视了普通大众的理论教育，这样的模式转变使得国家教育体系从一个弯路走向了另一个弯路，这也导致了高等教育毕业生人数的大规模下降。当然，从更大的视角看待历史而言，这种转型时的阵痛并不少见，坚持改革的政府往往能突破历史，奈霍夫（Nijhof）与范埃斯（Van Esch）认为，据以往经验，所有参与改革的利益方都需要时间适应新模式，以熟悉角色变革的关系，并开发新知识来应对新问题。

2012—2013年，短短一年时间，荷兰将612个具体的职业教育岗位进行整合，最后缩减成237个更宽泛的职业资格的教育结构。事实上，早在2004年，只有2%的职业学院试行能力本位的教育模式，而短短四年时间的实践，这一比例扩大到了73%。然而这里还面临一个问题，就是能力本位的职业教育体系，其顶层设计是由国家层面设计的，但是其具体的课程培训内容，需要由院校独立开发、自行设计摸索，能力本位并不是代表教学过程，而是一种教学成果。这就使得职业教育没有一个系统严格的统一标准，这就很难去统一评价职业教育下的学生质量水平，这就让参与者以及制定者都很难评价能力本位职业教育的总体水平。职业教学院校虽然负责落实职业教育新规，但是却缺乏主人翁意识，同时，由于资格结构的详细程度不同，职业教育学院认为，他们几乎没有设计新课程的空间。为了适应新形势，院校不得不在没有足够的依据表明职业教育成果的"能力"和"能力本位教育"具有一定附加值的情况下，将所有职业教育课程又纳入能力本位教育，并把能力赋予到课程之中。

尽管上述问题都是职业教育试行过程中的障碍，但是对于职业教育能力本位模式而言，在学校和工作场所的体验之间的衔接是最致命的问题，归根到底还是职业教育和职业体验之间的关系问题，比尔曼斯认为，如果该问题不能在具体实践层面得以解决的话，荷兰的职业教育体系便不会有创新，于是一种新型的"工学结合"模式应运而生。

2015年，荷兰"国家创新计划"项目进入尾期，通过该计划，职业学院的项目可以申请一定额的扶助资金，该项目主要目的之一就是建立学校和实习场地之间的联系，这种共同合作的组织架构深深根植于职业教育体系和企业组织之中，荷兰的职业教育体系和校企合作模式得以明确。摸索过程中，逐渐探索出了五种模式：一是校中厂：学校和企业合作，校内即可提供工作环境；二是厂中校：企业内提供实习实训基地；三是临时项目：校企共同出资组建临时项目；四是新建实体：学校与企业合作共同开发新型实体，这往往具有长期性；五是职业教育与培训的行业委员会：国家层面在职业教育过程中起到枢纽作用，协调企业和学校之间的关系。以上模式成功展示出荷兰十年职业教育摸索的校企合作新模式，给世界职业教育和职业体验之间的关系提供了先进经验。

荷兰的职业教育体系十分注重能力本位与环境教育的优化组合，在高等职业教育背景下，一种理论模型在荷兰铺设开来（图1-2）。

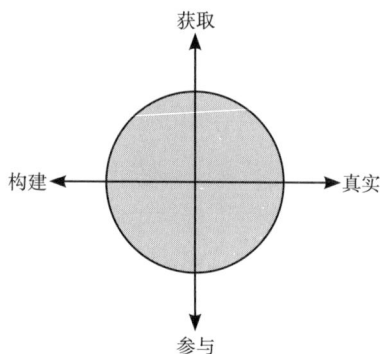

图1-2 能力本位与培养环境维度架构图

荷兰职业教育和培训环境的关系可以用四个象限进行区分。在获取维度上，注重知识的获取，包括通识教育和职业知识，这就构成了"构建—获取"象限和"构建—参与"象限；聘用来时实践领域的客座讲师就构成了"获取—真实"象限；基地实训构成了"真实—参与"象限。同时，荷兰为了把控"获取"和"参与"之间摇摆不定的关系，设计了新的模式，把语言学习和职业能力结合，运用职业话术来替换学校的教学语言，将学习任务中复杂核心的内容汇总为"综合任务法"；把学生成长过程的画像汇总为"成长记录袋"，这二者的有机结合，使得学生自我导向极大提高，从而提高他们主动实践的质量。

学界对于创新人才培育的关注往往在"参与"象限中，这与校企合作模式十分吻合，荷兰的教育模式表明，学生所从事的完整的任务主要集中分布在学习如何完成核心职业任务和工作中。这就使职业教育中的仿真性和体验性变得十分有价值意义。模拟工作场所和纯粹的工作场所之间需要有一个恰当的衔接，而荷兰在这一步做得十分出色。

荷兰的职业教育学院和利益相关方都确信能力本位教育所带来的附加值。职业教育正在努力缩小学习和工作之间的差距，这是能力本位教育的核心之处。能力本位教育在国家层面上已经迈出重要一步，促进了学校和企业之间的联系。为了缩小职业体验和职业教育之间的差距，荷兰实施了无数措施。

在探索实践中，荷兰逐步摸索出了适合自身发展的一条道路。荷兰的教育可以分为三个阶段：初等职业教育、中等职业教育、高等职业教育。这和我国的等级划分类似，但是在具体教学上有着很大的不同之处。图1-3为荷兰学历体系的框架图，其中每个层次学位上标注该学历处于荷兰学历资格框架（表1-8）的位置。

```
┌─────────────────────────────────────────────────────────┐
│                    博士学位 L8                            │
└─────────────────────────────────────────────────────────┘
        ↑                              ↑
┌──────────────────┐        ┌──────────────────┐
│  研究型硕士 L7    │        │  应用型硕士 L7    │
│   1~3 年         │        │   1~2 年         │
└──────────────────┘        └──────────────────┘
        ↑                              ↑
┌──────────────┐    ┌──────────────┐    ┌──────────────┐
│ 研究型学士 L6 │ ← │ 应用型学士 L6 │ ← │ 准学士学位 L5 │ ←
│    3 年      │    │    4 年      │    │    2 年      │
└──────────────┘    └──────────────┘    └──────────────┘
                                ↑
                        ┌──────────────────────┐
                        │ 中等职业教育学历 L3~L4 │
                        │      1~4 年          │
                        └──────────────────────┘
                                ↑
┌──────────────┐    ┌──────────────┐    ┌──────────────────┐
│ 大学预科学历L4 │ ← │ 高级普通中学学历L4 │ ← │ 预备职业教育学历L1/L2 │
│    6 年      │    │    5 年      │    │      4 年         │
└──────────────┘    └──────────────┘    └──────────────────┘
        ↑                  ↑                    ↑
┌─────────────────────────────────────────────────────────┐
│                      小学                                │
│                    7~8 年                               │
└─────────────────────────────────────────────────────────┘
```

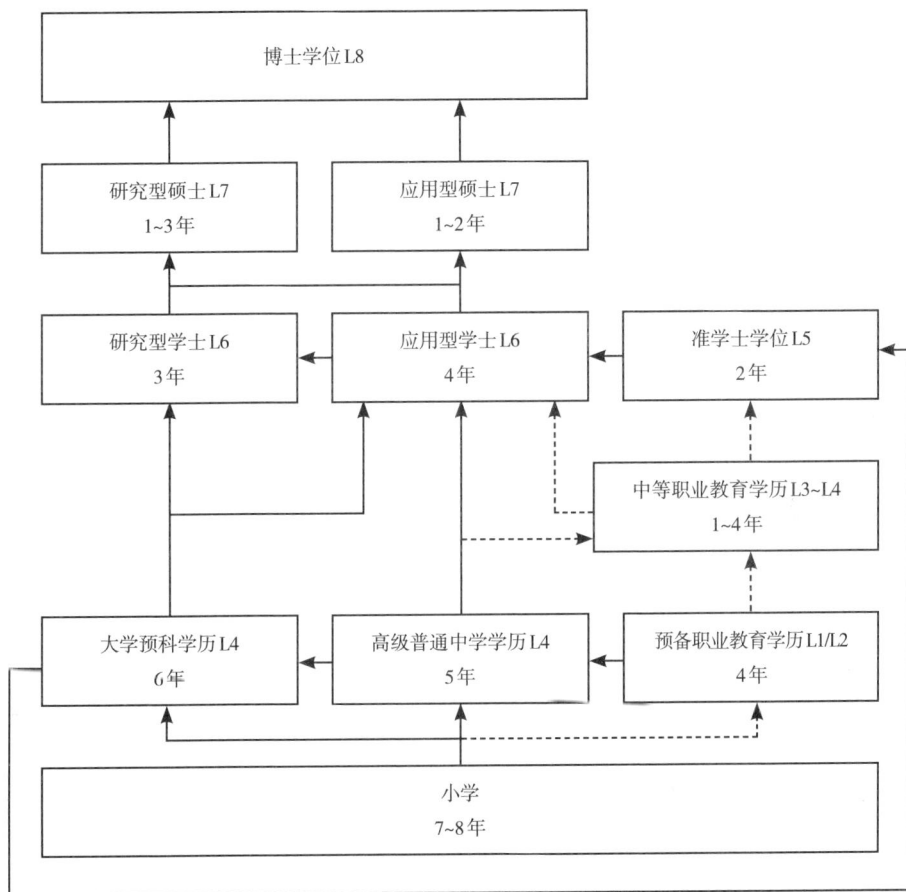

图 1-3　荷兰学历体系框架图

表1-8　荷兰国家学历资格框架表

欧洲资格框架 （EQF）	荷兰资格框架 （NLQF）	荷兰学历类型
L8	L8	博士学历
L7	L7	硕士学历
L6	L6	学士学历
L5	L5	准学士学历
L4	L4+	大学预科学历
L4	L4	四阶中等职业教育/高级普通中学
L3	L3	三阶中等职业教育

续表

欧洲资格框架 （EQF）	荷兰资格框架 （NLQF）	荷兰学历类型
L2	L2	二阶中等职业教育/预备职业教育（KB、GL和TL）
L1	L1	一阶中等职业教育/预备职业教育（BB）

注：BB、KB、GL、TL为预备职业教育中的4类培养项目。

荷兰的初等教育阶段由两部分构成，分别是学前教育和小学教育。学生4岁入学，学制为7~8年，前两年完成学前教育。这和我国的教育模式基本相似。荷兰的中等教育阶段主要分为预科、高级普通中学、职业教育三大类。预科是专门为升入大学准备的；高级普通中学可以说是我国初中和高中的结合；职业教育再细分为预备职业教育和中等职业教育，都属于中等教育阶段。荷兰的高等教育主要分为应用型大学和研究型大学。高等职业教育的课程往往是由应用型技术大学开设，有的研究型大学也会开展一部分的职业教育课程。在荷兰，应用型学士学位和研究型学士学位基本不存在学历上和水平上的差异。

荷兰的国家学历资格框架将学历水平划分为八个等级，小学阶段不参与等级评定。从预备职业教育一直到博士学历，等级逐渐增高。可以看出，荷兰的职业教育分为预备职业教育和中等职业教育。预备职业教育包含四类培养项目，而中等职业教育包含了四个水平阶段。职业教育的各类培养项目和不同阶段的职业教育都属于相对基础的资格水平，第四阶段的中等职业教育和高等普通中学为同等水平，学生可以顺利升学至应用型大学之中，完成高等职业教育，并且可以获取准学士学位或者应用型学士学位。荷兰的学历资格框架和整个欧洲的学历资格框架是一一对应的关系。这为学生在欧洲尤其是欧盟内部成员国之间的就业做好了铺垫。毕业生的学历可以在欧盟各个成员国之间得到认可，毕业生可以凭借学历证书在各个国家就业并从事相对应的工作。这在无形之中提高了国家之间的开放程度，也拓宽了学生的认知面。

荷兰将职业教育定位为"经济的基础"和"社会的脊梁"，这一定位直接被写进荷兰《成人和职业教育法》。职业教育应当具备三重目标：一是提供学生专业的职业能力，二是帮助学生获取公民权利和参与社会，三是提供学生继续进入高等教育阶段的可能。其中，获取公民权利这一条和荷兰的移民政策有关。低文化水平的移民，只有在接受荷兰职业教育的情况下才能获得永久居住权。

在荷兰的教育体系中，职业教育既是中等教育的一部分，也是相对基础的教育阶段。荷兰的职业教育和其他类型的中等教育及高等教育紧密连接，各级职业教育中还设有不同的培养项目和培养目标，学生可以获取专业化和个性化的指导，以促进学生的全面发展。

（二）荷兰职业教育模式的特点和优势

1.阶段特性

预备职业教育阶段特点：荷兰的学生提前分流且职教与普教联系紧密，互通性强。荷兰小学的入学年龄通常是4岁，学习7~8年，前两年类似于学前班，八年级的时候，学生们会参加全国统一考试，根据成绩表现和学生意愿，可以有不同的升学选择。

荷兰中学分为三类，重点中学、普通中学、职业初中。学制时长不同，重点中学学制6年，普通中学学制5年，职业初中学制4年。以上三类前两年课程一致，后面课程各有侧重点，假如学生不适应自己所就读的学校，可以转学到另外两类中学。这也充分体现出职业准备教育阶段互通性强的特点。

荷兰预备职业教育能够顺利开展离不开高级普通中学和中等职业院校的多种支持。由于教育机构的不同，所以预备职业教育项目相应也会有差异，例如，高级普通中学可能提供的是理论知识项目或者是联合项目，而中等职业院校相对而言更加具有针对性和专业性，提供更加专业的项目。一部分成绩不太好的学生可以先在高级普通中学学习预备职业教育项目，在这过程中也会有专业技能和学术科目的学习，根据学生意愿，逐渐确立自己的发展目标，在预备职业教育结束之后再去对自己是否进入中等职业院校做决定，这也体现出了预备职业教育阶段过渡性强的特点。

在预备职业教育阶段后两年中，学生有四类不同学习项目：一是基础理论学习项目。学生每周要上12小时基础职业训练课程，所学习的基础理论相对来说较为容易。二是进阶职业教育项目。学生每周也是要上12小时专业职能训练课程，理论课程难度不大。三是联合项目，学生每周上4小时职业训练课，通识学科难度跟理论难度一样。四是理论项目，主要接受理论课程。但是并不是全部教育机构都设立这四类学习项目，而是由于不同学校，设立职业项目不同，学生入学之前需要对其进行考虑和选择，这样也体现出了荷兰预备职业教育阶段的基础性与过渡性，同时也保证了学生选择职业教育之后还具有选择回去学习普通教育的权利。

（1）中职阶段：层次分明，模式多样化且衔接自然，晋升方式灵活。荷兰高级中等职业教育（MBO）可以分为四种学习水平：第一级是助理水平的初级培训，培训时长一般为6个月到1年，学生可以获得助理级职业资格，但是他们的技能水平较低，职业技能掌握不熟练，只能做一些简单的工作内容。第二级是基础职业级水平，培训时长一般是2~3年，达到这一级水平的学生，他们掌握了一定的技术，职业技术水平比较专业，可以自主根据自己所学技能完成本职业工作。第三级是专业水平，学习时长一般为2~3年，这一级的学生实践能力比第二级水平高出许多，他们不仅能够熟练完成自己本工作，还可以帮助同事完成工作，给予一定的知识帮助。第四级为中层管理级水平，时长是3年，第四级水平的学生可以担任中层管理者和专业人员的角色，以培养他们能够成为企业中层管理人员或升入高等职业院校为目标。

在四种学习水平中，学习时间不是固定的，根据自身所接受程度和吸收能力，从助理到专家级，最短时长是半年，最长的学习时间则是4年。如果学生在达到第一级助理水平之后，可以在原有基础上继续进行学习，就可以提升自己的学习水平。学生在达到专家级水平之后，会在相应岗位进行为期1~2年的实习锻炼。

除了四种学习水平之外，荷兰中职教育阶段还提供了两种培养模式：一是全日制模式，学生主要时间都在职业院校学习，其间可以在企业实习，但是没有长期实习合同。二是业余学习模式，学生的主要时间用于实践训练，在企业中进行学习，类似于学徒，实习期间会有实习工资，表现优异的学生，毕业之后可以选择继续在实习企业发展。中职教育阶段的四种学习水平和两种培养模式反映出荷兰职业教育体系，层次分明，模式多样并且衔接灵活的特点。学生达到某一学习水平之后都有相应的学历认定，并且学生不局限于当前学习水平，可以继续提高，衔接很自然。

中职教育阶段的生源除了来自预备职业教育阶段的毕业生，还有来自普通高级中学的学生。因为生源类别不同，学生们选择的学习项目也有差异。比如说KB、GL和TL项目的学生可以直接进入第四级中层管理水平进行学习，但是BB项目的学生就只能进行助理水平的学习。

另外，那些来自普通高级中学的学生，可以直接学习中层管理级别的专业学习。达到第一级助理水平的学生是无法进入应用型大学进行学习，所以毕业生们必须达到二级及以上学习水平，除此之外，一级学习水平的学生也不符合劳动市场的入职要求，同样也是要达到二级及以上才能够进入社会求职。学生在完成第四级中层管理水平专业学习之后，可以进入应用型大学继续学习。由此可见，学生们在达到不同级别的学习水平之后可以有不同的选择，晋升方式相对灵活。

（2）高职阶段：普职融合，学分互换。荷兰高等职业教育可以被认为是一种应用技术型教育，学制为四年。第一年主要学习基础理论课程，通过考试之后进行专业方向的学习。高等职业院校的教学分为基础教育阶段和专业教育阶段两类，学生在基础教育阶段内主要学习该学科的基础理论知识，让学生能有一个基本了解。而专业教育阶段内学生会进一步学习专业理论知识，提升职业技能水平。

高等职业教育与普通学士学位教育有两方面的融合，一方面是在性质和定位上，另一方面是在学分和课程上。从性质和定位上来说，荷兰的大学分为两类：应用型大学和学术型大学。应用型大学和学术型大学的学位社会都认可并且差异性不大。并且很多技术型公司，同专业的应用型职校学生更受他们青睐。毕业生们可以在商业、社会服务业、工业和健康保健业找到适合自己并且薪资待遇良好的工作。

在学分方面来看，应用型院校学分要求是达到240分，普通学术型院校学分要求是达到180分。高职学生在第三年要进行九个月以上的实操学习。另外，高职学生利用欧洲学分转化系统进行学分互换可以申请本国或者其他国家硕士学位。从求职方面来看，由于高职学生修的学分更多并且有一定实践经验，因此他们求职过程中比普通学术大学优势更大。

2.荷兰职业教育的保障体系

（1）制度保障：规范与多样同时进行。荷兰职业教育的制度保障可以分为法律制度层面和教育制度层面。从法律制度层面来说，荷兰政府在1996年首次颁布了《职业教育与成人教育法》，该法案首次将职业教育与普通教育区分开，将各类职业教育资源进行统筹分类，规范成一整个国家资格框架体系，对提供职业教育的有关机构进行整顿组合，提高职业教育质量，该法典对于完善职业教育体系作用巨大，对普通教育和职业教育之间的融合提供法律制度保障，由于此法案的推行，合并了多所职业教育院校，一定程度上提升了职业院校的办学水平和综合能力，有利于推动职业院校与劳动市场紧密联系，大大促进了地区经济发展。在此法典基础上，职业院校进行多样化模式发展以此提升职业教育质量，保证了规范化与多样化可以齐头并进。

通过教育制度层面，荷兰职业教育体系层次分明，模式多样化且衔接自然。无论是预备职业教育阶段还是中等职业教育阶段，学生们都有进入高等普通中学的可能。他们升学方式非常清晰，根据自身能力，既可以选择继续进入职业院校进行更专业的学习，又可以选择普通教育的模式，这就体现了职业教育体系模式多样化的特点。在高职阶段里已经实现了普职融合，对于职业院校学生今后的发展提供了有力保障，教育制度的灵活多样，也为劳动市场提供了大量专业所需人才。

（2）组织保障：国家与社会组织合作密切。荷兰的职业教育与社会组织的关系联系非常密切，其中有三个组织最具代表性：一是教育、文化与科学部。这个部门负责荷兰小学到大学一切教育行政内容。二是职业教育及商业合作组织。该组织主要负责向劳动市场及企业匹配符合要求的人才，并且也负责向职业院校提供企业岗位的相关信息，同时还协助教育、文化与科学部制定职业教育相关信息。三是职业教育与培训委员会。该组织主要负责的是保护中等职业教育的权益，与社会各类中等职业机构进行沟通协作，并且还起到了监督教育、文化与科学部起草法案与实施政策的作用。由此可见，这三个组织之间相互合作，互相监督，使得国家政府与社会组织合作关系非常密切，这样既保护职业院校师生的利益，也提高了职业教育的教学质量。

（3）质量保障：统一化与规范化管理。荷兰职业教育质量保障体系的特点是统一化与规范化管理。荷兰政府对于职业教育统一课程标准，在学科方面和专业方面都做出统一调整，形成统一化与规范化。在教学方面，职业院校通常采用以项目为重的教学方法，教师会给学生留下项目课题，学生在完成课题任务过程中不断积累实践经验。相关机构会给职业院校提供企业岗位信息，还会负责校企合作协议的签订事宜。荷兰职校学生相对于普通院校学生来说，学生管理工作相对困难，为了提高教学质量，荷兰各职业院校都会设立咨询服务组织，帮助学生进行心理疏导和职业生涯规划指导，希望学生可以向更高水平学习。对于较早进入社会，没有接受教育的学生，政府以及各类机构相互合作，以最大力量帮助他们。

（4）资金保障：国家提供与校方筹集。荷兰职业教育的资金主要由三部分组成：一是国家经济支持，这个也是这三部分中出资最多的，教育、文化与科目部门会负担起大部分职业院校的资金预算，但是农业培训中心的教育资金除外，它是由经济部负责。2012年以后，中等职业教育把"绩效预算"加入预算拨款中，一般除了整笔的拨款，学校有特定活动也可以申请经费，如教师培训费或者是设备更换费，获得绩效预算的前提要求是学校要给政府上交一份有关怎么提高教学水平与质量的文件，如果按照文件实行之后得到不错的效果，学校也能获得额外奖金作为激励。二是学生的学费。荷兰法律规定16岁以下学生学费全免，但是进行职业教育学习的学生年龄段有16岁以上的，因此在中职教育阶段，16岁以上的学生需要提交学费，这也是职业教育资金来源之一。三是学校自筹。各职业院校可以向社会各界申请资助，社会组织也可以给学校捐款，另外很多学生家长也会自愿对学校进行资助捐款。学校自筹也算作荷兰职业教育的资金来源。

三、国外职业教育对我国职业教育的启示

1.要重视因材施教，以能力为导向

不论是哪个阶段，我们都要重视学生之间的水平差异，不管是哪一阶段水平的学生，都可以给学生制定适合学生自身的职业教育规划，并且要大力实行以能力为导向的教学方法，教师应该增加去企业实践的次数，通过实地的考察与研究，制定出多样化的项目任务来锻炼学生的实践能力。学生可以根据自己的兴趣爱好去选择职业院校以此进行更加专业和系统的学习。

2.注重以法律手段发展职业教育

为了确保荷兰职业教育发展稳步前进，荷兰出台了很多相关法律维护职业教育学生的权益，这也使得荷兰职业教育体系更加完善，我国可以出台与职业教育相关的法律政策，有了政策的实行，可以根据政策对有关机构进行整顿，使我国职业教育能够统一化和标准化，这样既保障了职业院校师生的利益，又大大提升了职业教育的质量。

3.坚持以就业为目标，推进校企合作

职业院校的学生通过学习职业理论知识，拥有知识技能进而顺利就业。过去的职业院校一般比较注重理论知识而忽略了实践的重要性，但是学生只有专业的知识并不能够把本职的工作做好，没有办法一次性掌握该职业的全部技能。学校应该鼓励学生多去企业实习，此外学校可以多与相关专业企业展开合作，推荐学生去合作企业实习，既满足了劳动市场对有关职业人才的需要，又在一定程度上解决了学生的就业问题。

第二章

青少年职业体验与职业教育发展的关系分析

在我国传统的教育模式中，目标上注重学生的知识获得；内容上强调书本知识；方法上强调讲授式教育；对学生认识上，将学生看作知识容器。这是整个教育大环境的思路，职业教育也处于这个框架之内。随着我国"人才强国"战略的推进，教育模式的改革也逐步深入，体验式教育逐步被应用到职业教育的过程中。用体验的方式巩固学生的知识接收，用教育的方式指导学生的实践技巧；让学生学习到的知识能得到验证，自然激发学生学习兴趣，提高学生学习的动力。

第一节 破：体验破除理念刻板

职业体验有着深厚的理论基础，其中构建主义、主体教育理论、个性教育理论、情感与认识教学理论、杜威进步主义教育理论皆提供了合适的文化土壤。职业体验某种程度上可以说是体验式教育的具体体现。体验式教育被普遍利用，我国两大领域盛行体验式教育理论：一是社会上对企业事业单位进行的素质拓展训练活动和团队默契、团队交际活动；二是教育领域对体验式教学理论的应用。

一、模型基础理论与含义

"体验是什么"一直是学术界争论的焦点。

关于体验的内涵有四种解释：一是体会，侧重于对真实的感悟，重点是事物对主体留下的印象。主体感受真实、回忆真实，从真实中获取升华，在真实中映射出生命历程，以至于能够对未来进行一定的判断。二是感悟，一种带有主观性的态度和经验总结，根据外在世界来建立自己知识结构。三是核查，这是对信息的一种验证，对真实性的验证。四是娱乐性体验、教育性体验等，这层解释更加侧重体验者的主动性，而目的是增加体验者自身的技能。第四层概念也是本书所侧重的概念，从这个角度来说，在经济社会，每个个体所参加的每次教育和培训产品或者是其他技能增长类的服务，本质上不仅是一种商品服务关系，更是一种学习上的赋能，一种情绪、体力、精神上的深度体验。

总结以上四种解释，我们可以把体验理解为亲历，即：体验等于亲身经历。这是主体个性、语言、行为共同合成的自我意识体验。人的一生本身就是一场体验，生命的孕育过程就是体验的过程。人从自然中而来，最终在体验中回到自然中去。因此，体验本身就是一种真实，是人们诠释生命意义的最有效的方式。体验是一种宝贵的资源，人在体验中成长，在体验中结束，在体验中感悟人生的意义和价值。

体验式教育发源于欧美地区，是一项区别于传统的教学理念。世界各国的传统教育模式都大致相似：以讲授知识为主。在向现代教育模式转型过程中，几乎所有现代国家都在全力培养学生的独立意识和创新思维。第二次世界大战后，西方国家从企业培训中获取到了灵感，逐步将体验式教育纳入体系中，并将职业体验也纳入职业教育中，并成为职业教育重要环节，由此推动了整个职业教育体系发生了深刻变革。

体验学习是一种学习方式，是众多学习方法中的一种。学习者在学习过程中通过体验、观察、反思、发表、提升和实践，对情感、心灵、行为、外界的感悟最终认识到某些言语或未必能够言语的知识，形成自己的知识脉络，并掌握某项技能，养成某种行为习惯，乃至形成某种情感、态度、观念的全过程。

体验学习更加侧重对学习过程的把控，是一种让学习主体主动获取直接性的认知、欣然接受知识并运用知识的过程。体验式学习能教会学生合适地处理人生事务，能使教师更加尊重学生的深层次的意愿，将知识深植于学生的意识脑海中。

体验式教育的优势在与说教式教育的对比中产生。说教式教育通常就是一名教师台上讲，一群学生台下听。教师好比一把"壶"，学生好比一盏"杯"，教师源源不断地向杯中倒水。学生只能被动接收，对于学习的内容，学生不会也没有机会去检查，只能靠感觉和心理来领会教学内容，学生对于教学主体引发的情绪反应往往保持完全的缄默。体验式学习致力于打造一种不同于说教式学习的培养方式，体验式学习可以包括很多不同的内容。体验式学习是一种训练，既令人兴奋，也富有挑战性，是针对个人或团队解决问题的行动，尤其适合职业教育的教学。体验式学习强调更多地调动学生的感官，是肢体和大脑相互配合的学习体验，所有的体验活动都是学生主动学习的过程，并且能在体验中领悟知识的内涵和获得相关的感悟。体验式学习有四个特质：一是学员能主动察觉学习的过程；二是学员在学习过程中能持有反思精神和批判意识，并能联系过去、当下、未来；三是学员学习的过程独具个人意义，学习的过程和成就对个人而言具有重要的意义；四是学习过程强调多感官的协调应用，不仅仅是强调心智上的发散，换言之，学习者是全然投入的。

体验式学习的基础是考察和反思，这正是说教式学习一直强调但又难以落实的。学习者在成功中总结经验，在失败中吸取教训。体验教育是一种有效地内化知识的办法，一直受到青睐，尤其是在职业教育中，更是被大量应用到学生的培养过程里。俗语讲：在成功中总结经验，在失败中总结教训。成功与失败都是体验学习的结果，由此，人的发展总是在体验、发现、反思、总结和提升中不断进步的，人类文明的进步也由此有了可以前进的动力。

二、体验教育的心理学原理

认知心理学是体验式教育的基础。认知心理学是20世纪60年代伴随着行为心理学的危机产生的，不仅代表着西方心理学的动向，也代表着整个心理学体系的进步。认知心理学大量研究集中在个体认识活动的产生和发展上，所以认知心理学的进步直接推动了整个教育学的进步，很多认知心理学的理论都可以直接被教育学搬来使用。心理学家皮亚杰是新结构主义认知心理学的代表，他认为认识就是主体用他独特的认识结构作用于客体，于主体和客体之间构建一种平衡状态。实现这种平衡状态的心理要素包括图式、同化、顺应和平衡四个方面。所谓图式，是指动作的结构或组织，这些动作在相同或者类似环境中不断重复而得到的迁移或概括；同化是指主题用已有的认识结构对客体材料进行概括，充实结构本身的内容；顺应是指主体已有的认知结构不能同化客体时，结构本身就要完成自我修订以适应客体的变化；同化和顺应之间的稳定及和谐的过程就是平衡。在四种要素的推动下，主体的认识结构不断从一个阶段演变为下一个阶段。不同阶段不仅是量上的区分，还有质上的变化。皮亚杰将孩童的认知发展分为四个阶段：感觉运动阶段、前运算阶段、具体运算阶段、形式运算阶段。皮亚杰从心理观出发，反对经验主义教育观，即认定一切知识都是有其外源的，学生的认知发展都是形成于知识的接受过程的，是自发实现的过程；范围行为主义的教学主张，即试图利用条件反射来刺激学生，反对训练和加强诸如肌肉和语言上的联结，从而使学生获取知识。他认为，建立在不正确的心理基础上的教育不能培养出符合社会需要的人才。他强调，未来教育必须考虑学生发展的特点。他主张采用体验活动教学法，这与学生的认知发展和认知建构的自主性是一致的。这种教学方法基本可以表述为：理解的过程就是发现的过程，在重新发现中去架构新的认知，构成新的理解。在活动中，教师的作用是必不可少的，但是教师不再是一个纯粹的知识分析者，而是一个引导者，主要目的是激发学生的首创性和探索性。

著名心理学家和教育学家布鲁纳在继承了皮亚杰的基础上进行了一些发展。布鲁纳认为，学习的过程就是类别及其编码系统形成的过程。一个类目指的是一组有关的对象和事件，可以是一种概念，也可以是一种规则和秩序。各种类目之间的关系和概括化程度不同，但正是这种不同才能形成一个编码系统。系统内各类编码互相联系，形成一种认知结构。布鲁纳认为，所有的知识不是杂乱无章地堆放在人脑之中的，而是以基本结构为基础，按照编码分类存储在脑海里的，人们回忆的过程就是抽取记忆存档的过程。他认为，类目和类目编码的概括化程度体现着整个个体的认知水平，时间序列上是逐步发展的。在教学方法上，布鲁纳认为，类目和编码系统的形成与发展，都不是教师能直接传送的，学生不能直接复刻教师的思路，学生必须主动探索，以此来构建自我思维。

以皮亚杰和布鲁纳为代表的认知心理学派把主要精力都放在了学习过程上，教育上较多关注学生认知结构的统一性问题。这推动了教育，尤其是体验式教育的进步和发展。

三、体验教育的阶段价值

体验的价值是显而易见的，每一个具体的人都是个性化的人，不是统计学上的一个数字。生命存在的全过程既是体验的过程，也是体验学习的过程。不同的阶段有着不同的学习内涵。

（一）体验初期——家庭教育意识化

这是幼儿、孩童时期的人，该阶段的体验学习活动往往比较简单，体验活动也是以具体的实践活动为主，口语教育较少。但是，简单、深刻的点评往往能给孩子深刻的启发。幼儿、孩童的体验以游戏化的体验方式为主，在娱乐、消遣的氛围中，培养孩子的动手能力。家庭教育在该阶段起到重要作用，孩童在实践中实现自我意识的觉醒。

（二）感知阶段——学校教育技能化

学校教育的小学、中学、大学阶段都是感知阶段，职业教育阶段也是感知阶段。这是知识转换为技能的阶段，学生需要更多地感受知识的魅力。该阶段的教育更加注重知识和理论的结合，同时也要注意知识的吸收和接收，最好能生动形象地展示知识脉络，用学生喜闻乐见的方式将知识传播，运用催化的手段实施引导式教育。

（三）运用阶段——社会教育的价值化

价值化也就是职业化，该阶段是社会成人教育，是人运用知识并且完成职业化的阶段。该阶段讲究知识的运用能力和终身学习能力。人们更加侧重知识的实效性，希望所学的知识能够"为我所用"。这个阶段，体验式教育更加需要和职业对接，最优的方式是能直观地让学生看到教育成果和职业绩效之间的关联，能刺激学生主动深入学习。

四、职业体验的核心和价值模型

（一）知能态习

职业体验的核心就是"知能态习"，即知识、能力、态度、习惯。职业教育更是需要侧重这四种要求（图 2-1）。

知识可以通过教师传授获取，能力的提升需要通过实践训练，态度的培养需要在实践中逐渐培养，而做好前面三点，习惯的养成就成了一件顺水推舟的事。

职业教育分为四个层次：知识教育、能力教育、态度教育和习惯教育。职业教育如同一个圆形的车轮，四个层次是车轮的支撑，而职业体验则是其中的转轴，这个车轮能完整地转动离不开每一个部分的支持。只有保证教育每个环节都能健康稳定地发展，人才素质才能得到整体上的提升。新型人才培养模式是在富有符合人类社会科学的发展观下架构的，具备良好的知识结构、工作能力和健康习惯的人才，是新型的"三才"。从图2-1可以看出，缺乏知识，就很难培养能力，因为知识是人才培养的基础，而态度则左右知识和能力的方向，习惯是个人能持之以恒的保障。态度能决定个人的发展方向，这也就是俗语中说的，思路决定出路，细节决定格局，态度决定命运。在职业体验的环节，就包括这四个层面的教学开发和教学设计。这四个方面是整体的，是不可分割的有机组合。

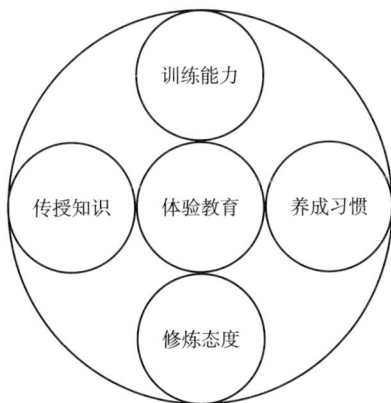

图2-1　体验教育车轮模型

（二）价值模型

职业体验是触及心灵的教育方式，参与者进行职业体验的过程，是其生理、心理、智力、情感和精神层面整合建构的过程，职业体验可从四个方面解决问题（图2-2）。

一是生理层面，主要强调身体协调和动手能力。

二是智力层面，主要是思维的运转。

三是情感层面，主要是团队协作、团队意识等群体性关系维护。

四是精神层面，主要是个人归属和集体荣誉感。

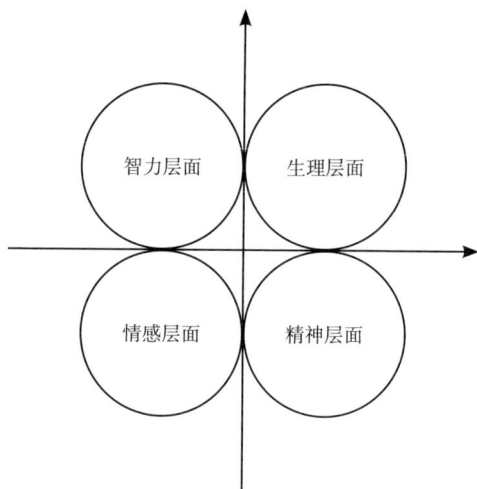

图2-2　体验教育价值模型

　　要想通过职业体验的方式解决某一层面的问题，就需要采取不同的方法和技术支持。生理、智力、情感和精神方面的问题，表现方式各有不同。职业体验参与的过程就是教育的过程。参与的过程，对整个系统的各个层面都有刺激作用。举例而言，亚健康中的运动性身体参与，能通过类啡肽（快乐因子）的分泌和汗腺的排泄，能使人达到缓解疲劳的作用；智力层次需要知识的共享和讲解，在教授过程中需要植入辩证的故事；情感层面需要在团队合作中实现，现代社会是合作性的社会；精神层面，主要是世界观、价值观、人生观的问题，在教育中表现为有效的激励，通过激励引导学生价值观取向。

　　总而言之，职业体验是十分有必要的教学活动，是职业教育中必不可少的一环。职业体验是属于实践教育的范畴，这对纯理论教育有很好的补充作用，甚至一定程度上打破了理论教育所树立的刻板。虽然教育理论在不断更新，但是教育理论不可能做到像互联网信息那样实时更新的程度，且成熟的理论往往滞后于实践活动的开展，理论来源于实践。职业体验能对职业教育中的理论教育产生影响，这种冲击体现在两个层面：第一，当实践和理论所对应时，这对既有理论是一种固化，这会强化受教育方对教育方的信任；第二，当实践和所学理论不对应时，个体往往会总结或者学习新的理论以符合实践结果，这将激励个体创新和冲破理论的刻板。

第二节　立：理念引领体验指向

一、中国社会教育思想的发展进程

教育理念的变更和社会形态与经济形态有着密不可分的关系，教育是国家上层建筑，经济形态对教育形态起到决定性作用。

（一）古代官本位思想

中国古代社会是封建社会，整个社会意识是以官本位思想为主要的社会教育形态。"学而优则仕"是当时教育的最终目标。那个时期，读书就是为了当官。这也是儒家文化的影响。古代是小农社会，整个国家经济体现出"重农抑商"的倾向。普通学子寒窗苦读的最终理想便是成为官宦群体的一员，"修身、齐家、治国、平天下"是当时学子的最高理想。古人读书就是为了当官，这是一件能"光宗耀祖"的事，官本位思想长期占据着统治地位。

（二）商本位思想

随着改革开放的深入，中国人以巨大的毅力将国家重心转移到经济建设上来。中华人民共和国成立后，实现了人民当家作主，社会地位得到提升，经济建设也逐步成为我们的工作重心。人们在奔赴小康的过程中，价值观念也逐步发生着转变，"下海""从商"成为当时人们的主流意识，尤其是在江南沿海地区。商业利益成为一代人的追求，商本位思想的确立和当时开放的商业环境有关，尤其是在江浙一带，学成从商成为当时主要的教育目标。地方政府也对商业从业者十分尊崇，开出巨大的优惠条件吸引商业。在人们取得一定的物质满足后，精神需求就变得格外重要，人本思想开始涌现出来。

（三）人本位思想

人本位思想也就是"人本主义"，这是现代化的教育思想，强调人本身的价值，是对以往观念的巨大冲击。随着社会进步和社会建设的加快，我国的国际地位也不断提高。伴随着文化变迁和社会风气的变革，作为个体的人，其自身发展越来越受到重视。我国的经济模式也从改革开放初期的粗犷的模式转向高质量发展的方向上来，人才大国向人才强国转变。因此，我国的教育模式更加侧重人的全面发展。《国家中长期人才发展规划纲要（2010—2020年）》的出台是以人为本的代表，把人置于核心位置，人与社会和谐发展。体验教育也是在这种环境下焕发生机的，不管是教育的主体还是教育的客体，都是人的教育。引导学生走出课本的范围，走向大自然，走向实践岗位，完成心灵和技能的升华，实现人对职业生涯的建构，是当下教育模式的一大重要理念。

（四）教育部中长期战略规划

《国家中长期人才发展规划纲要（2010—2020年）》指出，教育要以素质教育为核心，以创新型人才培养为重点，这已经成为必然趋势。随着中国特色社会主义事业的发展，人才素质结构需求发生了巨大的变化。现在是一个知识生产力的时代，高精尖技术对社会发展贡献了重要力量，国与国之间的竞争也逐步演变为科技的竞争、人才的竞争、人才环境的竞争。

2019年2月，《中国教育现代化2035》文件应运而生，教育在国家现代化过程中占据基础性和先导性优势，占据着全局性的地位。面向未来，仍有很多不可预测、不可预知的问题，信息技术已经不仅仅是改造社会的工具和手段，而成为一种宏观概念上的"方法论"。"方法论"不是具体的方法，而是一种哲学思维。《中国教育现代化2035》对信息化的要求超越了简单的环境论、工具论和适应论。教育信息化不再是教育的点缀，不再是适应甚至是迎合教育的点缀，技术本身就成为教育系统中不可缺少的一部分。

面向2035年，我们不仅需要新的教学理念，还需要新的教学手段和新的教学形式。未来的技术不仅是尖端化的问题，还是个性化的问题，技术需要完成和人类个性的适配。现代信息技术作用与人才培养方式，是以职能协同、虚拟教学的形式实现规模化教育和个性化教育的有机结合，鼓励基于大数据和AI算法的使用，依托学生个性进行整合式的培养。借助技术的力量保证教育环境的安全、可靠，实现优质教育资源的联通和共享。

在这期间，体验式学习和技术赋能相辅相成，将技术的优势最大限度地利用。学生的个性在体验过程中被激发。例如，传统的小学教育可能严重依赖教师的活跃和讲授技巧；现代小学组织学生进博物馆或利用3D影像技术，带领学生领略不同的风土人情，多维场景的切换争取给每个孩子不同的教育体验。这在职业教育中也在大量地应用，形式上，职业教育院校更加侧重学生的互联网和物联网技术教育，引导学生向未来需要方向努力；内容上，院校的课程设计纷纷引入"互联网+"的理念，这里的"互联网+"已经不是最初提出时的理念，而是一种更加倾向于现代技术和未来技术动向的理念，这也印证了"互联网可能会过时，'互联网+'永不过时"。

综上所述，各个时代的教育模式都有体验式教育的影子。古代读书是靠私塾，属于小班教学。1978年，高考恢复，实现了很多人读书上大学的梦想。恢复高考给改革开放提供了巨大的人才支撑，实现了许多农村孩子和偏远地区孩子的人生理想。当然，过于单一的考核方式也使得人才选拔标准过于单调。随着经济水平的改变，我国更加注重高质量人才的培养。各行各业对人才的需要也不是以往的唯学历、知识为标注，而是学历和能力并重的标准。这在技术行业尤为突出，职业教育更需要大力开发职业体验活动，培养学生的动手能力和实践能力，从知识、技能、态度、习惯、学历五个维度培养学生，实现人才的全面发展。作为一种教育方法，职业体验也要按照新的人才标准来创新形式和内容，强化人才培养效果和加强人才输出能力。

二、职业教育理论和职业体验教育

（一）职业教育理论与职业体验教育的关联

随着经济结构现代化与多元化对于高素质创新型应用型人才的极大需求，职业教育培养多元职业人才的价值功能将会日益凸显。职业教育从培养"技术者""职业者"最终转为"完整人"，是其教育作用与社会作用的和谐融合。

职业教育的类型发展同样要坚持立德树人根本任务，将教育过程与人塑造有机结合，实现人的自由与全面发展，包括职业选择与职业发展的自由。职业教育是通往"个体完整"与"社会完整"的桥梁，通过"技术者"的个体完整推进整个社会的完整，这也是职业教育类型发展的最终目的。职业体验教育作为职业启蒙教育的重要方式，除了具有职业教育的价值功能以外，必须更加聚焦于人的身心发展。职业体验教育倾向于学生在动手实践、亲身体验中获得教育，但是如果缺乏必要的理论知识指导，学生的动手操作能力也会变得十分盲目和随机。因此，具备体验性、情境性的职业教育理论往往与职业体验教育的体验性和教育性相适配。科学的职业教育理论引导下的职业体验教育会更加注重学生的亲身参与和动手实践，在实际操作中培养学生的综合能力，更好地发挥职业体验教育应有的价值作用，旨在促进学生兴趣发展和职业导向，使其能更好地认识自我、适应未来职业和社会的发展。

（二）职业教育理论对职业体验教育的意义

作为客体的职业体验教育，对应学生、职业和社会三大主体，职业教育理论导引下的职业体验教育即亲历性的职业体验教育具有个体价值、职业价值和社会价值三层意义。

一是亲历性的职业体验教育的个体价值。一方面，亲历性的职业体验教育为学生提供亲身感受、参与多种职业的机会，通过身体的实践、体验，对学生认知产生影响，进一步深入自我认识和自我评估。另一方面，参与性的职业体验使学生真正体会、发现感兴趣的职业，体会学校教育与职业、生活、社会之间的关系，感受知识学习的意义，主动规划自己的专业发展，从而关注其理想职业所需要的知识、道德等能力，将学校文化知识与职业相联系，使课程更加具有吸引力，提高学生知识学习的内部动力，二者融通，促进学生更好学习和发展。

二是参与性认知理论引导下的职业体验教育的职业价值。参与性认知强调情境的重要性，学生通过不同职业情境的体验，真实地感受时间和纪律观念、操作技能或职业困难等，增进对不同职业的了解，再进行自我探索、评估，既挖掘了学生的职业潜能，也使学生对职业有了初步的了解，加强与生活中职业的联系，对其终身职业发展具有重要意义。

三是参与性认知理论引导下的职业体验教育的社会价值。尤其是中等职业教育阶段，较早地为学生提供职业体验实践，使他们走出象牙塔，走入生活实际，通过课程连接生活和社会，培养基本的生活能力，为未来的职业和社会生活奠定基础。参与性认知理论引导下的职业体验教育强调身体的参与，通过切身实践，使学生深刻体会各行业劳动者的辛苦，体会劳动创造幸福生活的内涵，进一步培养热爱劳动的意识，树立尊重别人劳动成果的意识，培养尊重不同职业的良好品质，传承民族优秀文化，增强其社会责任感，形成良好的社会氛围。

三、职业教育认知理论下的职业体验教育实践路径探寻

（一）坚持学生职业体验教育的参与化学习

职业教育参与性理论强调身体与情境相互作用而形成认知，抽象的心智是以身体和神经的复杂体验为基础的。因此，开展参与式的职业体验教育，主要致力于通过"身体确认"的方式实现正确的自我认知、职业认知和社会认知。首先，加强自我认知。通过"我的参与"、角色扮演等，或邀请企业代表参与相关主题活动过程，发现并培养学生各自的兴趣专长，更深入地对自身性格、气质类型、兴趣专长、沟通解决问题、综合素质或创新能力等形成清晰、正确的评估和定位，同时使学生对将来职业生涯进行初步的规划。其次，加强职业认知。改变过去单一、枯燥的职业观念灌输形式，鼓励学生通过职业调查项目、职业基地专职岗位体验等切身参与，进行不同职业岗位的体验与实践。将身体的物理属性获得的间接经验与直接经验相结合，加之情境的影响，丰富对不同职业的了解，对其性质、内容等生成正确的职业认知，而非传统理念下被动的认知。最后，加强社会认知。通过专题合作研究或社团活动有意识地使学生主动参与。学生在活动中收集整理社会中不同职业的就业形势、需求信息，明确社会对不同类型人才的素质要求。教师及时加以科学引导，使学生不仅了解社会职业状况，而且形成正确的职业观和价值观。国家的发展不仅需要学术科研人才，也需要技术技能人才，综合建立个人从职业到社会之间的初步联系，将来最大限度地实现自我价值和社会价值。

（二）不断推进职业体验教育实施的内容和方法

职业教育参与式理论指导下的职业体验教育可以从实施方式和教育内容两方面进行改善。一方面，职业体验教育落实教育内容的具身化。根据不同的职业创设多样化的职业体验活动，对活动内容的选择、组织等进行整体设计和体系建构。参与化的职业体验教育更加关注学生的身体参与和动手实践性，同时由于受教育学生的年龄和经验的限制，对抽象的职业理论知识理解较为困难，因此应以陈述性知识为根基，程序性知识为主体，注重培养学生的动手实践能力。另一方

面，职业体验教育实施式的具身化。根据当地经济社会及产业发展的特色，充分运用地区企业和职业学校的教育资源，开设区域特色的职业体验教育课程，使学生在切身体验实践中获得丰富的感性认识。此外，尽可能地开发多元化的职业体验平台，获取更开放、实践、动态的资源进行支撑，或将实体资源与网络资源相结合，共同打造面向职业教育学生的具身化、多元化的综合职业体验平台。学生通过多种渠道获取多样化的具身体验，增强其感受，提高学生具身学习的效益。

（三）积极培育具备丰富理念和实践能力的职业教育教师

教师是教育实施效果的根本保障，是统筹实现具身化职业体验教育的主要力量，也是实现学生认知—身体—情境形成有机整体的关键因素。因此，必须加快培育具备参与理念与实践能力的职业体验教育专业师资。

一方面，弥补当前职业体验教育师资的空缺状态，可建立专兼职结合的职业体验教育师资团队。聘请具有相关职业背景和经验的企业技术人员、学生家长或民间工匠积极参与职业体验教育并担任兼职教师。同时，通过聘任、增设职业体验教育专职教师，鼓励职业院校或其他教师充实职业体验教育师资队伍，并保障职业体验教育教师权益。

另一方面，对教师的职业体验教育进行具身化培训。职业体验教育教师主要统筹具身化职业体验教育的多方位实施，是学习情境的建构者、学生身心的动员者及活动的组织者、引导者和实践者。在思想认识方面，教师应及时转变传统的"离身"教学观念，提高具身认知意识，包括对良好情境的创设意识、学生身体参与意识以及心智—身体—情境整体意识。在教学能力方面，加强职业教师在具身课堂中的教学能力，通过融合现代技术，转变教学组织形式，丰富教学活动等多种途径，在教学过程中给予学生一定的身体活动自由，保持课堂的开放性和多样性，实现学生大脑、身体和环境的密切互动、相互作用、耦合发展，更有利于学生主动体验感知、理解和思考，为学生提供丰富的理论指导，促进具身课堂教学的动态生成，解放学生的身体。

总之，职业教育理论为职业体验教育提供了充分适切的理论支撑和实践依据，职业教育理论指导下的职业体验教育发展对强化职业教育类型特色、构建现代职业教育体系和推进技能型社会建设都具有十分重要的作用。人之生存、生活均无法离开职业，职业教育应从小抓起，职业体验教育从抽象到具体，实现

"身—心—境"合一，使学生通过切身体验，增强对职业成果的尊重、对合作的理解、对他人的关爱、对社会的奉献，筑牢正确的职业观、价值观和世界观，使职业体验教育更好地发挥其个体、职业与社会价值。

第三节　融：体验与理念辩证统一

分析职业教育和职业体验的价值追求所在，基于实践经验总结提升人才培养的目标定位。以此为基础，探寻职业理论教育和职业体验协同融合的路径，构建人才培养高质量的环境，提升在校生对社会行业工作岗位的适应发展能力。

一、职业理论教育和职业体验的价值追求

通过职业体验来掌握必要的职业技能，已经成为职业教育体系对人才成长的必然需要。只有达到用人单位的技能要求标准，才能顺利进入工作岗位，并在岗位上实现一定的职业发展。职业技能是一项硬性的入职标准，能够在职业劳动过程中直接地被感受到。

理论知识属于精神层面上的内容，以往的直接教育存在"重理论，轻实践"的弊端，过于注重对人才理论知识的教育，而忽视了实践技能的培养。从当前的社会发展现状来看，充分的理论知识已经成为职业劳动的必备条件，也是影响职业发展的潜在条件，在未来的职业教育实践中，切勿"矫枉过正"，为了提高实践教育部分而去割让理论教育的阵地。职业理论教育和职业技能体验的精神培养体现在价值追求上，主要在于职业教育下的人才成长模式和社会市场需要相结合这方面。对学生的理论和实践的教育，目的不仅在于增强人才对未来社会工作岗位的适应程度，更是通过这种方式来帮助培养高素质人才的体系，从而引领行业发展进入全新局面。

人才的综合素养影响到自身职业发展，同时对不同行业的综合竞争实力以及技术创新能力都起到了决定性的作用。充实的职业理论和出色的职业技能，对提升人才综合素养有着巨大的作用，尤其是在高等职业教育发展过程中，提高自身的办学质量，首先就要强化社会用人单位对自身教育体系的评价，打造自身的学校名牌。职业理论教育和职业体验协同发展，是快速提升学校口碑的有效路径，

进而也能将这种价值反馈到职业教育层面，成为职业教育专业化发展不可缺少的一环，形成竞争影响力。

二、基于实践能力提升人才目标培养定位

基于实践能力的提升，对受教育学生进行职业理论教育和职业体验的一体化培养，对学生的职业精神和职业技能进行协同培养。在人才目标的培养上，不得不考虑的就是市场化因素，也就是用人单位的需要，以及不同专业在就业阶段发展的现状。

尤其是增强高等职业教育和人才培养和社会用人单位之间的需求之间的贴合度的问题，提高职业教育的就业率。培养的目标定位，还需要考虑学生对知识的接受程度的问题，根据社会行业发展的表现，以及人才培养的结果，判断定位目标的可行性问题，并对接下来的人才培养进一步进行强化工作。充分融合人才教育培养过程中的综合竞争实力，整合既有的教育资源，体现出教育目标和教育能力之间的契合，从而实现以目标为引导、以实践经验基础的教育路径，进一步完善教育规划。

在社会竞争的环境下，各专业自身的办学能力以及发展过程中对职业精神的追求，会直接影响到人才就业阶段的市场反馈。职业教育各专业口碑的出色使得学生在毕业阶段就可以获取更多的就业机会。因此，在协同职业理论教育和职业体验的过程中，目标定位需要同时从市场反馈和自身综合指数两方面进行，体现内部目标和市场需要的结合。精准定位是体现阶段进步的基础，也是教育进行必不可少的部分。在教育培训阶段，主要是针对人才职业适应能力的提升，这需要职业体验的切实化；引导学生将学习环境和职业环境联系起来，这需要理论教育的真实化。通过这两种办法引导学生提前适应社会，对未来形成精准的规划。

三、职业理论教育和职业体验协同融合的路径

（一）多元潜能开发

各专业的职业教育，都需要理论和实践配合、职业技能培训和职业精神的协同，首先就要构建多元化的潜能开发模式，使学生在学习成长过程中能够明白自身潜能所在，并在学习过程中不断增强综合素质。职业理论教育和职业体验之间

能做到协同融合，多元化潜能开发模式在面向学生发展教育计划中起到了兴趣提升的作用。

学生仅仅通过课堂理论学习，很难体验到真正实践过程中的具体环节，也很难了解到自身兴趣所在。日常的教育过程中，就要引入职业发展的概念，使学生能够提前适应社会发展。并在实践过程中发现自身的短板，理性对自我认识。多元潜能开发模式有利于实现人的全面发展，未来进入社会岗位，能够通过自身的潜能开发，适应不同的工作环境。潜能开发是理论和实践的结合。个人学习是职业技能不断提升的一个过程，也是一个不断完善、不断成熟的过程。学生在校学习期间，对自身的潜在的职业能力并不完全了解，进入工作环境后，能够对自身的特点有一定的了解。在校内的时间是有限的，学生需要做充分的准备，在未来的岗位工作时才能更快适应。

（二）构建理论创新和实践协同的教育环境

教育环境的改革，首先应确定理论创新路径，更新教育理念，为学生创造良好的教学环境。理论创新是接下来实践落实的前提保障，理论存在创新上的障碍，很可能在实践中就要囿于前期的不足。创新理论和实践协同之间需要形成一种稳定的融合关系，能够以学生职业技能提升为目标，充分引入现代信息技术理念，使学生能在学习过程中充分认清自我，并着力解决自身能力和职业困难之间的差异问题，培养独立思考能力。学生能够独自解决岗位中的问题才是职业成熟的表现。理论和实践相结合，教育环境的构建对此最有帮助。但这需要充分认识教育中所存在的问题，并在相互构建下，对当前的理论体系进行优化，在此基础上展开各种实践培训，切实发挥其效用，带动提升学生的综合素质水平。学生在校期间，缺乏对具体就业环境的真实了解，还应该增强实践体验之间的协调融合，使学生能够通过不同环境之间的协调融合提升综合素养。

（三）构建职业体验教育机制

理论创新和实践的融合，对学生的就业能力效果并不一定有立竿见影的影响。因此，在职业教育实践中，还应该着重强调职业体验机制，将职业教育理论教育和实践教育融合在一起，建立不同维度的校企合作制度。在这样的环境中，学生能够切实体会到理论和实践结合的意义，分析理论和实践之间的差异。职业体验机制可以充分利用现有资源，建立不同的体验模式，探寻适合学生发展的最佳岗位。校企合作、产教融合是职业体验的有效路径，也是当下职业教育发展过程中的一种常见形式。应用各种技术手段需要重点考虑是否将多种因素发挥到了最大作用。就目前的情况而言，很多专业在进行校企合作后，并没有实现多种资源共享。职业体验教育机制建立后，必须改变这一形式，使学生能够进入具体的工作状态中，体验到具体职业的真正困难。以此不断强化职业精神，强化职业道德和职业操守。职业技能在职业精神的帮助下，能够更好地体现和提升。职业体验和理论之间相互关联，理论知识起到了有效的引导作用，能够帮助提升个人素质，为学生进步提供先行的指导。学校需要建立师资人才储备库，联合专职、兼职教师，定期进行学术讨论。统一组织学生到企业实习或者参与其他素质拓展活动，实现院校和企业之间的资源共享。

职业化人才培养是职业院校重要使命之一，人才培养也是职业院校的生命线。职业院校在人才培养的认识上，构建打破单一模式，挖掘潜能，突破课程壁垒，注重学生职业素养的培养工作，完善多元主体参与和融合的机制，形成校际之间统一的人才培养模式，为提高人才质量打好坚实基础。

影响青少年职业发展的因素

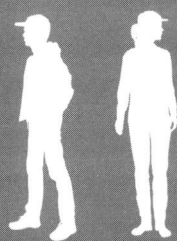

第三章 青少年群体画像

青春期是一个人成长和成熟的关键时期，是青少年走向成熟但又尚未成熟的阶段，这一阶段，青少年的心理和生理都逐步成熟。随着社会生产文明的进步，环境与饮食营养的改善，青春期的起止线已在逐步提前，职业教育和职业体验也不得不面对这些改变。随着青少年身体的成熟，来自外界因素的诱惑，不断变更着社会网格，这时的青少年正处于一个激动、烦恼、喜悦共存的阶段。

从生理方面而言，大脑发育是青少年在青春期变化的一大特征，进入青春期，神经细胞数量增多，神经细胞之间联系变得更为复杂，青少年的思维越来越丰富。然而，大脑器官的一个特定部分——前额叶却没有随大脑的其他部位发育，这对青少年的情绪会产生巨大影响，青少年容易出现一些危险和冲动的举动。

第一节　青少年与个人：自我沉浸式成长

一、特立独行：青少年的"标签"

青少年在此阶段的抽象思维能力越来越强，这会对其日常行为产生影响。幼时的孩子缺乏逻辑推理能力，可能对学到的知识毫不犹豫地接收，但是随着孩子抽象能力增强，可能会产生质疑，质疑父母的教育或者学校的教育。这时期的青少年会利用抽象思维去攻击其他人言论上或者逻辑上的漏洞，使青少年会更加争强好胜，变得更加敏感和挑剔，给人一种"我只相信我自己"的感觉。青少年辩论主要目的是加强和社会的联系，相较于儿童，青少年不再那么听话，且更会讲道理，他们想对任何事都做出评价，因此愿意谈论一切问题，同时故意在问题上与别人产生相异的观点。

这时期的青少年还有一个很重要的特点，那就是以自我为中心。青少年会认为自己是世界的中心，渴求外界对自己的关注，因此会对外界的态度十分敏感。此时，青少年脑海里会演化出假想观众，认为陌生人也会和自己一样关注自己的变化。例如，一个长青春痘的孩子可能会认为全班学生都在注视自己的脸部。同时，青少年还会陷入一种特立独行的思维旋涡中，认为自己是独一无二的，如受挫的青少年会认为其他人没有自己这么凄惨的经历，没有人能理解自己的感受，从而加剧内心的不安。

按照心理学家的观点，青春期的根本问题是个体在不断扩展的社交环境中，在不同角色的变换中，找到自我定位，即自我同一性。自我定位问题的满意解决，能够为自我概念提供稳定的核心价值观。自我同一化的过程中，来自多方面的因素对其产生影响，青少年需要通过家庭和朋友来寻求安全感和归属感，一种折中妥协的方式是，能在安全的获取环境认同的前提下，尝试不同的风格变化，如在服饰、发型上。女孩子之间更加愿意建立在亲密的情感基础上，男孩子则更加注重彼此的社交行为和活动，讨论的话题往往源于自己获得的成就或感兴趣的话题。

弗洛伊德将"我"分为本我、自我和超我。本我是一种本能状态，是人格发展的最初阶段；自我是本我的进阶，是理性后的自我；超我是对主体的升华，是基于对自我认知以上的一种状态。随着青少年认知能力的不断进步和发展，青少年对美丑、善恶、真假的认识越来越深刻，青少年开始逐渐摆脱非黑即白的思维定式，这就是青少年从本我向自我过渡。青少年开始关注外在世界对自己的影响，开始关注自身的生理和心理变化，青少年自我意识开始从觉醒到理性过渡，对自己开始有了更为清晰的认识。库里提出了"镜中我"的理论，"我"分为"主我"和"客我"，"主我"是主观认知上的我，"客我"是他人认知的我。这也告诉我们，青少年的行为养成和环境密切相关。个体会根据客观环境和他人对自己的评价来反射主体本身的自我认同。

发育是一个深刻的变化，发育给人体器官和心理带来双重变化，这是一个关键阶段。而这种变化带来的不仅是惊喜，还有惊吓，它彻底改变了青少年的身体外貌和心理机制，这种变化有时候也令青少年不知所措，但也不得不去适应这种变化，可能是几颗青春痘带来的不安，也可能是性成熟带来的羞涩。究其根本，这其实是青少年越来越关注自己的体现，随时关注自己的形象问题。这时的青少年会变得个人主义，因为他们所栖息的环境也是个人主义的，他们往往期望自由自在地生活，不受约束，任何期望的事情最好"马上"开始，他们愿意选择自己的生活，最大限度地享受生活带来的实际快乐体验，尤其是感官上的愉悦。当然这样并不妨碍他们会对其他人提供帮助。

青春期是一个复杂的阶段，青少年问题频发，但是这并不意味青春期一定是危机四伏的阶段。很多时候，所谓的青春期危机是一种关系危机，是成年人不愿意认真对待他们的结果，青春期的孩子更愿意承认他们的特殊性和丰富性，青春期期间接受良好与科学的教育，更容易帮他们度过这个时期。多项研究表明，所谓的"青春期危机""生物决定因素"并不存在，没有什么危机是天注定的，在青少年发育时期，社会文化条件的影响更为夸张。合理地将职业观念输送给青春期的孩子，对于青少年成长和整个职业生涯教育的发展都具备战略意义。我国的职业教育一般是从九年义务教育阶段结束后开始的，此时的青少年正处于青春期发育的末期，青少年成长和心理都有了巨大的变化，合理地引导青少年成长具有重要意义。加上我国存在一定的文化误解，使社会产生一种"职业高中比普通高中差"的观念，对于敏感时期的青少年来说，部分孩子会产生一定的心理自卑情绪，会认为自己是"社会的弃儿"，如何纠正青少年思想、引导青少年职业教育向健康化方向发展，培养青少年的职业自信和教育自信，是职业教育过程中必须关注的问题。

二、青少年自我认同

青少年自我认同与所处环境有着巨大的关系，客观环境的变化直接影响着青少年自我认同感的变化。青春期为青少年的生理和心理都带来了巨大的变化。在这一时期，青少年自我意识觉醒，开始反思童年的自我认知，期盼成人时期的自我发展。网络为青少年的自我认同提供了一个新的、虚拟的环境，使其往往能通过网络环境重新认识自我。互联网是青少年体验不同角色、寻求成年人视角的身份窗口，青少年能通过网络体验不同的人生，也能构建不同程度的自我。这给青少年的自我认同机制树立起到良好作用。

（一）防御状态下的自我共享

自我共享是青少年主体性确立的表现，但是青少年之间的自我共享有着强烈的防御意识，这种防御意识受两种因素影响：一是互联网塑造了更孤僻的人格，人们可能在互联网上十分活跃，却在现实世界表现冷漠；二是受质疑青少年环境成长经历，自身表达有限，客观上无法"镜子式"地展示自己的内心世界。

主体根据内在需要和目的，下意识地将环境资源对象化，并且为我所用，本质是主体和环境之间进行信息交流而实现的。共享的形式多种多样，与人交流、谈论等都是简单的共享，互联网给了青少年更多的共享平台和空间，这对青少年的自我确立提供了不少的帮助。这里的共享包括两个方面的内容，一是共享信息，二是共享空间。

关于共享信息。马克思指出，人的需要是兼顾目的性和客观性的统一。青少年本身就对知识文化有着极大的需求。信息交换和信息共享本身就是青少年成长需要的一部分。当代青少年是和网络技术共同发展的一代，自幼生活在网络环境中，网络在青少年日常生活扮演着十分重要的角色。青少年在网络社交媒体上分享生活日常、心情状态、观点看法，通过游戏娱乐软件展示个人兴趣爱好。正如马克思所言："个人怎样表现自己的生命，他们自己就是这样。"❶数字化的展示方式，给了青少年角色代入的满足感，这有助于个体塑造他人心中的形象，并以此来获取良好的自我感知，以增强自我认同。另外，个体借助某种工具（语言、书信、网络等），为个体构建自身完整记忆提供了跳板，尤其是借助拥有存储意义的工具（网络、书刊等），能将现实世界的个人信息进行加工、传播、存储，不断构建或重塑自己从过去到现在的记忆。这直接改变了个体信息遗忘的自然属性，将个体信息从时空中抽离出来，转而通过记忆中的"我"，也就是信息化的"我"，建立自我认知模型。哈佛大学教授丹尼尔·沙克特认为，人类对记忆的建构与重构，能够帮助个体归纳当前的状态，对未来加以推测和抽象性地概括并及时采取行动。❷

关于共享空间。共享空间是自我和他我相互联系的外部因素。研究发现，"自我—他人"共享特征是自我构建的一个普遍性的文化因素。个体需要与他人进行互动，并在与他人互动过程中建立群体参考体系。具体表现为个体与他人之间的关系的确立，首先个体会加工来自自我的信息，其次加工他人对自我的信息，使

---

❶ 弗里德里希·恩格斯，卡尔·马克思.马克思恩格斯选集第1卷［M］.中共中央编译局，译.北京：人民出版社，2012:147.
❷ 帕特里克·塔克尔.赤裸裸的未来［M］.钱峰，译.南京：江苏凤凰文艺出版社，2014:145.

他人的信息反馈成为自我发展的一部分，以此来实现自我认同。尤其是在信息技术的加持下，更加扩大了个体和他人之间的联系，他人成为促进自我发展的一部分。现在社会的共享空间，在技术上打破了时空限制，超越了地理条件和自然范畴，甚至提供了私密的网络社会生活的空间。一方面，现实生活中家人、朋友等"强关系"已经成为网络共享空间人际关系的一部分；另一方面，由于网络分享等行为而形成的"弱关系"更为个体的发展带来显著的影响，甚至在某种程度上超越了"强关系"的影响。青少年在开放的空间里共享自我，群体视角一定会对个体思想进行影响，并且群体视角、群体价值往往具有一定的导向性。这是共享的一种"风险"，个体与群体、现实和虚拟，反向而驰往往会误导个体对自我轨迹的探索。开放的公共空间的共享忽视了个体情感表达的初衷，最直观的现象就是会使主体本身产生虚拟情感和现实情感的矛盾，可能促使个体对自我产生怀疑，对自我的认知向公共领域的价值判断转移，这就是集体空间的"同化"作用。共享空间的个体之间的联系是"弱关系"，但是当共享空间成为一个整体参量时，开放的共享空间带来的巨大压力，是胜于现实社会中的"强关系"的。共享空间本身就带有放大属性，自发联系现实和虚拟，形成人们对某件事的价值判断，甚至是刻板印象，最直观的结果就是导致主体在自我同一性上产生混乱。

（二）自我选择和择后反思

人的认识活动是对象性质关系中的自觉能动的反映，主体选择是认识活动的主要环节，选择的过程也是判断的过程，而判断主要依托两种尺度："物的尺度"和"内在尺度"。也就是说，选择判断是主体根据自身的需要对客观规律能动地选择的过程。对于青少年来说，成长的过程就是选择的过程，成长的结果也是选择的结果。职业本身也是一种选择，是青少年结合环境进行做出价值判断后的选择。这里仍然要突出网络世界对青少年的影响，数字世界的活动，青少年的选择集中表现在：主动地筛选和过滤能够积极作用于自身的知识信息；为达到主体目的，选择和分享个体的生活隐私信息；有计划选择社交网络的状态；根据主体发展需要进行多样化的选择，并对多种选择进行一定的取舍。这和主体的信息接收有关，在现代社会，社交媒体平台开始抢夺用户的碎片化时间，信息传播呈现出海量化、碎片化的特点。个体接收大量的碎片信息，但是并不能有充分的时间进行逐一的筛选，个体必须在第一时间做出选择。不少"网红"能够"一夜走红"，也是基于网络发酵的结果。每个"网红"走红背后的原因各不相同，但都有着相似的特点：一是走红个体对自我有着明确的认识，二是根据自我选择出合乎发展的路径，三是积极践行自我选择。个体探索自我的过程，也是自我选择的过程。职业教育的学生能坚持以上三点，从自我实际出发，做出合适选择，并积极践行，其职业之路往往比较顺利。

青少年的成长过程中，总是避免不了反思。甚至不少青少年还为曾经的幼稚、冲动行为而苦恼，这是正常的一种心理状态。反思心理中有种机制称作反思控制，即以一定的参照系来和个体自身做出对比，对比有生理和心理两方面，在对比完成后，加以思考预测和控制，从而对人生意义和人生价值判断进行回答。

青少年不仅对自我进行反思，还对"他我"进行反思。吉登斯提出："自我可看作是个体负责实施的反思性投射。"[1]他认为，个体当下所形成的状态是个体在以往的行动过程中自我塑造的结果。信息技术给青少年的行为提供了存储的功能，青少年的反思变得更加直接和具体。尤其青少年能够通过有限的数字存储信息，反思自我行为，从而获得自我认知。其中最突出的一个特点就是量化了自我，即借用某种数学参考量，对自我的性格、心理、行为等参数进行量化。当下，青少年可以借助信息技术更好地了解和分析自我，甚至沉浸在"自我满足"之中。这时的自我不仅仅存在于网络空间，也会是现实社会中的"我"，只不过借助了数字化的呈现方式。例如，有的青少年会借用定量运动软件来计算每日的运动数据，通过数据的记录和变迁来判断生活方式，从而达到理想状态。

吉登斯进一步指出，自我是个人和社会反思的一部分，个体与他人的交往和互动既可以了解他人想法，认识到个体之于群体的独特价值，也可以明确自身地位，实现自我认同。马克思指出："凡是有某种关系存在的地方，这种关系都是为我而存在的。"[2]这种关系的存在，也是青少年通过"他我"评价"自我"的过程，进一步思考自己的行为目标，并且把个人与环境联系起来，思考人生的价值，根据外部世界来调整自己的行为，最终实现自我认同。

---

[1] 安东尼·吉登斯.现代性与自我认同［M］.赵旭东，方文，译.北京：生活·读书·新知三联书店，1998:86.

[2] 弗里德里希·恩格斯，卡尔·马克思.马克思恩格斯选集.第1卷［M］.中共中央编译局，译.北京：人民出版社，2012:161.

三、青少年自我认同的生成过程

人具有自我意识，能够能动地将外在环境的影响移植到内部，化为己有、为我所用。青少年的心智尚未完全成熟，对世界的认知还处于发展阶段，自身的价值观念尚未完全定型。青少年更加容易受到客观世界的影响，对世界的认识也会有一定的波动性，青少年会不断改造世界和调整自身，以完成主体预期和客观世界相吻合的任务。这个过程，青少年会根据自我认知，化身探路者，不断摸索前进。

青少年自我认识由自发走向自觉。青少年阶段本身就是人生的一个关键时期，也是转折期。处于该阶段的人，对自我认知还有一定的模糊性，自我同一性还有混乱的成分。借助互联网新媒体技术，青少年以数字形式将形象进行网络再现。现在青少年的成长已经离不开网络环境，数字技术加快了青少年对自我认知由自发走向自觉的进程。

数字足迹下的自发性和自觉性，是对青少年自我认知和自我觉悟的一种区分。自觉与青少年的理性认识密切相关，自觉行为能指导青少年更好地追寻人生目标和职业方向。自发因素实质上就是自觉性的一种萌芽状态，是认识的感性阶段。青少年的娱乐活动呈现出很强的泛数字化的特点，抽象世界填充了现实生活，青少年的自我认知也在虚拟和现实之中构建。在今天，青少年的现实活动和上网活动都可以留存下大量的数据信息，早期的青少年可能忽略掉这些信息，但是这些数据中的一部分内容却可以伴随青少年一生。随着青少年的日趋成熟，青少年会更加理性地看待数据信息，从以往的数据历史中，认识自己的成长过程并有意识规避不利因素，根据数字时代的一般规律，完成自我构建。

"人类活动的一个方面是人们对自然的作用；另一方面是人对人的作用。" ❶ 人对自然的作用体现在人与自然的关系上；人对人的作用体现在人与人之间的关系上，表现为个体和个体之间的交往活动、个体和群体之间的交往活动。交往是青少年自我认同的重要方式，交往是对人与人关系的加工活动。他人对自己的评价，好比两面镜子，透过这两面镜子，能折射出青少年自我的主观感受。

---

❶ 袁贵仁.马克思主义人学理论研究［M］.北京：北京师范大学出版社，2012:108.

总而言之，青少年自我确认的过程，是成长的过程，也是"自我沉浸"的过程，通过对"过去我"的分析和反思，来塑造"当下我"和"未来我"的人格形象。网络作为一种新型的技术手段，为青少年自我确立提供了必不可少的帮助。基于网络的人际关系，加快了人际交往的频度和深度；同时，虚拟的网络世界不仅让青少年对其中的内容沉迷，也让其对"网络中的我"感到沉迷。不少青少年沉迷网络游戏，其实质是沉迷"网络游戏中的我"给他带来的刺激感、优越感、虚幻感、满足感。青少年的交往活动能使双方从对方身上看到自我，以自我为尺度看待别人，从而形成自我意识和主体意识，以深化自我认识。

四、青少年青春期的学习问题

（一）缺乏学习动机

学习动机是学习行为的推动力，是学习的动力。学习动机是直接推动学生进行学习的一种内部动力，按动力来源可以分为两种：内部动力和外部动力。内部动力是个体内在需要刺激个体主动产生的学习行为，这具体表现为学生的求知欲；外部动力是由外部诱惑性因素引起的动机，如为了获取奖励、表扬而进行学习探索。一般而言，较强的学习动机能产生强烈的求知欲，往往这样的学生能在学习上表现过人的优势和驱动力。学习动机不足，尤其是内部动力不足，学习就会失去驱动力，进而丧失学习兴趣，严重影响学习和生活。

1.学习动机缺乏的表现

（1）没有明确的学习目标和学习计划。学习生活充满盲目，既没有长远规划也没有近期打算。不同于普通教育，职业教育本身带有强烈的社会属性，从接受职业教育那一刻开始就需要学生和社会需求对接。学生可能因为缺乏社会实践而不能深刻体会社会变化动态，但是可以通过职业体验了解职业岗位的基本社会技能。在职业教育里，缺乏明确的学习目的等同于缺乏明确的职业方向。

（2）懒散松懈，厌倦学习。目前，我国的职业教育学校也在根据学习中高考成绩进行招生工作。长期以来，职业教育的招生分数线低于普通教育学校。而我国的社会评价往往用分数的高低来作为学生学习习惯的判断依据。然而，职业教育不仅要求学生掌握必要的文化知识，还需要学生掌握一定的实践技能，甚至需要学生承担体力上的辛苦和劳累。懒散的学生往往难以学到职业教育的精髓，技术在日新月异，这对劳动者的素质要求越来越高，甚至需要劳动者树立终身学习和全面发展的理念，懒散的学习态度注定难以胜任职业变更。

（3）注意力不集中。学生的学习兴趣从学习上转移到其他领域。青少年本身就对世界和新鲜事物充满好奇，加之互联网开放的环境对学生产生了诸多的诱惑因素。

（4）缺乏正确的学习方法。对于职业教育而言，合适的学习方法能让学生事半功倍。职业教育本身就是"知识+实践"的学习过程，职业教育不仅需要学习单纯的理论知识和实践技能，更重要的是学习理论和知识结合的方法论。技术在更新，理念在变化，只有掌握其中的规律，才能适应不断地变化。缺乏正确的学习方法会让学生陷入机械学习的陷阱，无法实现知识的融会贯通。

2.学习动机缺乏的原因

（1）外部原因：主要有家庭原因、学校原因、社会原因。

家庭原因：家庭的经济环境、父母的文化水平、家庭氛围、父母对子女的教育期望等。

学校原因：校园环境建设、教师素质建设、教师教育方法、学校教学设计、学校校风校纪等。

社会原因：社会生活是影响学习效果的重要因素，社会的整体评价、社会的价值观倾向都对教育效果有着重大的影响。整个社会对职业教育尊重、重视，那么对提升学生的荣誉感、自豪感、自信心都有着巨大作用，如果奉行拜金主义的价值观，"读书无用论"会甚嚣尘上，致使学生学习兴趣下降。

（2）内部原因：内部原因是学习者的个人原因，这也是主要原因。

一是学习者对学习规划不清，认识不到学习的意义和价值。在职业教育过程中，学生的理想抱负更要符合实际，这可能与学生早期愿景相背离，进而没有树立起正确的学习价值观。

二是缺乏学习兴趣。学生完成职业教育的第一步往往是选择一份"专业"，而"专业"的选择往往是参考父母意见做出的选择，但父母也并不一定对职业教育有着过多的了解。有的父母甚至会"强势"地给孩子安排专业。这就导致学生是被迫选择专业科目，容易造成学习的疲惫和压力。

三是对学习生活的不适应。职业教育院校录取分数线一般比较低，有的学生学习基础较差，甚至没有在义务教育阶段养成良好的学习习惯。同时，自我期望又过高，致使学习感到疲惫和厌烦，甚至在学习过程中遭遇失败挫折。

四是心理素养较差。过于自卑或者自负都会影响学习效果。青少年情绪波动较大，内心世界比较丰富，对环境变化比较敏感，不坚定的意志会影响学习的持久性。

（二）学习疲劳

学习疲劳是接受职业教育的学生经常出现的问题，学习疲劳是指由于长时间学习，在生理和心理上出现的倦怠，这会直接导致学习效率下降，影响学习效果。严重的甚至出现厌学的现象。学习疲劳是学习过程中常遇到的现象，这属于学习过程中的"学习高原反应"。

所谓"学习高原反应"，是指人们在学习中的一种学习状态，当学习者刚开始接触某种知识的时候，学习速度很快，也能取得良好的学习效果。但是经过一个阶段的学习，学习效果很难有明显、直观的提高，学习中的进步效果逐渐衰减，甚至出现停滞。此时，学习者也会出现对以往学习过的知识感到模糊，进而感到自责、心情烦躁，感觉学习无法推进。这种在学习过程中出现的学习停滞甚至下降的现象，就是心理学上说的"高原现象"。

人体上的疲劳有生理疲劳和心理疲劳两种状态。生理疲劳是一种生理性质的失调，有肌肉失调和神经失调之分。肌肉失调是指由于肌肉持久受力或收缩造成的疲劳，表现为肌肉痉挛、四肢乏力、腰酸背痛等；神经失调是由于长期心理活动导致的神经性反应能力的疲劳或者紊乱，表现为头昏脑胀、反应呆滞、思维迟钝等。心理疲劳是学习者主观上的疲劳，对学习产生厌倦的心理，无法做到注意力集中，思维迟钝。

学习是一种能动行为，需要身心交融。尤其是职业教育的学习，不仅是脑力劳动，也有体力付出。因此，职业教育学生的学习疲惫既可能是生理上的疲惫，也可能是心理上的疲惫，也可能两者全部包括其中。

客观看待学习疲劳，也是一种自我保护机制，强制学习者进行休息和放松。适当的休憩能让学习者快速恢复，如果长期处于疲劳状态，会使学习者产生厌烦的情绪，降低学习效率，严重的还会引发疾病。

1.生理原因产生的学习疲劳

生理疲劳和学生体质、学习强度、学习内容有着很大的关系，在职业教育的内容中，有部分教育内容需要学生消耗体力来完成，体质弱的学生更容易产生疲惫感；同时，职业教育和职业体验的环境、气温、湿度、声音都可能异于日常生活空间，这加剧了疲劳感的产生。尤其是在职业体验的过程中，学生需要保持高度的注意力来进行观摩学习，这对学生的精力是一种巨大的消耗，容易产生疲劳感。

2.心理原因产生的学习疲劳

心理疲劳对学生造成的影响不亚于生理疲劳，学习疲劳的心理原因主要包括以下方面。

（1）学习动机不足：缺乏学习动力，导致学习态度消极。

（2）缺乏学习动力：必然导致学习不感兴趣，进而感到痛苦。

（3）学习情绪波动：情绪长期在亢奋和低落波动，进而感到疲惫。

（4）学习负担过重：沉重的学习负担，使学生可能忙于应付。

（5）学习方法不当：没有良好的学习方法，学习不规律，大脑的休息也不规律，导致学习疲劳。

3.高原现象

高原现象是学习疲劳的结果，同时又加剧了学习疲劳的效应。经过一段时间的学习，进步提升不明显，学习成绩变化不大，容易使学生心情烦躁，精神萎靡，导致学习疲劳。

青少年青春期的学习问题如图3-1所示。

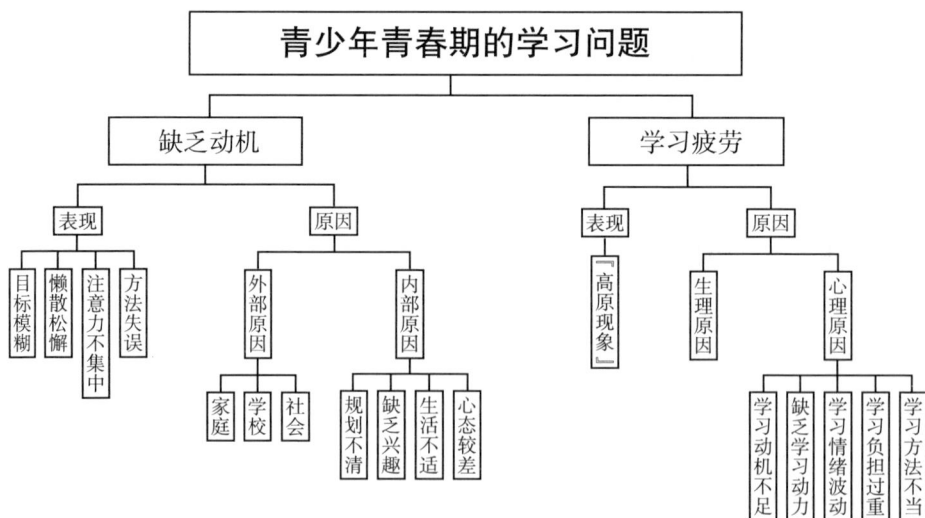

图3-1　青少年青春期的学习问题

第二节　青少年与同伴：与众不同的群居

进入青春期的青少年，逐步开始了自己人际交往的旅程。相较于儿童时期的友谊，这时候的交往情感会更加复杂深刻，此时的青少年会逐步摆脱父母的限制和照顾，开始独立进行人际交往活动。随着社会意识的提高，青少年甚至以朋友多为荣，但是对于朋友的定义仍处于模糊的阶段，可能对青少年而言，有过三言两语的交谈便是新的朋友了，便能荣辱与共。而真正的友谊是建立在理想、兴趣、爱好基本一致、性格相近并相互依恋基础上的一种感情关系。❶

也许是对交际行为的曲解和模糊，青春期的孩子身边的朋友会更加复杂，簇拥着各色人等，这使得他们得到了心中的人际平等，进而满足了人际相处的虚荣心。这使得友谊的地位在生活中急速提升，且范围更加宽广，研究表明大多数人认为青少年时期是自己交际最频繁的时期。

青春期的青少年往往具备一定的自主心理和批判心理，这也使得社会评价往往给他们打上"叛逆""张扬"之类的标签。然而，出于获取安全感和认同感等其他目的，他们又不得不融入群体之中，有时候面对长辈、教师的指责，他们甚至会出现法不责众的心理，从而与集体融合得更加紧密。在交友条件上，从基于地域、父母社交影响等直观感受因素，转而向相似性格、目标、兴趣以及追求自我的实现需要的转变。

团体现象的突出，使大多数青少年都会加入由一定的社会因素聚合下的非正式小团体之中。团体内成员有着极高的忠诚度，团体对成员的行为规范也极具约束力，团体内的信息流动和人际交往活动也十分频繁。这些团体会受到地域、兴趣、年龄、性格等社会条件的影响，这也是青少年在青春期的社会化表现，是青春期不得不经历的一部分。融入团体较好的青少年，往往对其之后的团队执行力、团队配合能力起到巨大作用。

处于团体尤其是处于团体核心的青少年，其交往模式最突出的特点是基于

---

❶ 赵新春.中学校园德育环境的优化研究［D］.无锡：江南大学，2008.

自我为中心的环境认知，这是因为青少年实际的生活经验较少，往往对集体生活没有充分的准备，这就让他们沿袭了家族交际的观念和模式，认为全世界都会给自己让路，从而忽视自己行为对同伴的影响。其实这会给我们的教育尤其是职业教育带来一些困扰，有的同学会认为自己成绩优秀，出类拔萃，自己所处的社交圈也是成绩优异的孩子，从而不愿意与成绩差的孩子交往、交流，不愿意与他们互帮互助、共同进步，同时认为自己成绩优秀便是班级的核心、伙伴中的佼佼者，更有甚者，有的青少年是小团体中的组织者，有一定的知名度，从而拒绝倾听旁人的建议，也有的青少年集上述习惯于一身，从而导致自己与伙伴的关系不和谐。

学校是人才培养的主阵地，也是青少年结识同伴的主要场所。职业教育的过程，也是帮助青少年处理人际交往关系的过程，不仅是学校的同学伙伴关系，更是之后的职业同事关系，不断强化学校在学生关系交往能力的培养作用具有强大意义。在正式课堂开设以引导青少年交往的课程十分必要，并且课程需要配备科学的教材、完整专业的心理学教师、明确的教学目标、职业化的教学成果导向以及翔实的教学方案，以促进青少年树立正确的交际价值观。从另一个角度而言，任何课程均有教育功能，培养学生心理健康成长是各学科均应尽职的义务，学校仍然可以通过非正式课程，提升学生的人际交往能力，让每一位学生在文化通识课和职业技能课上均能收获除了课程本身的体验，这也需要教师具备一定的超越教材的能力，使课堂本身也成为一个人际交往的平台。

一、人际适应和孤独感

人际适应（Interpersonal Adaption）是指个体在与他人进行互动的过程中，与他人建立起来的关系，这种关系既包括温暖、责任、担当等积极的人际关系，也包括疏离、孤独感等消极的人际关系。

青少年在人际交往过程中情绪波动比较大，情绪不稳定，并且容易将喜怒哀乐表现出来。人际交往是一种"刚性需求"，在这一点上，青少年表现得更像一种"群居动物"，喜欢和同伴一起生活，并且在生活中给予一定的帮助。但是在人际交往过程中，由于青少年并不能掌握完全正确的交往方式且对"感情"往往有着过高的心理预期，现实和理想表现出一定的不对称，青少年又往往表现出一种孤独感。曾经的网络流行语："孤独，是一群人的狂欢；狂欢，是一个人的孤单。"反而成为一种对现实的描述。孤独感是个体知觉到现实的人际关系网络和期望的人际关系网络之间存在差距而产生的情绪体验，是一种不愉快的情绪体验。长期处于孤独感状态下的学生，可能会滋生心理疾病，甚至影响身体健康。

孤独感是一种很重要的情感，是人生不可或缺的情感。从哲学意义上讲，没有人能排除孤独。孤独感产生的原因各不相同，有社交孤独和情感孤独。社交孤独是指在人际交往中未能建立一定的社交关系网络，或者没有在社交关系中产生归属感；情感孤独是指在人际关系中，个体没能感觉到与他人、集体产生令人满足的依赖关系。孤独也分特质孤独和状态孤独，特质孤独是指长期的不良人际关系的状态；状态孤独是指短期的、具有一定情景意义的情绪特质。根据来源，孤独分为同伴关系孤独和亲子关系孤独，同伴关系孤独是指青少年在和同学、朋友交往过程中产生的孤独感；亲子关系孤独是指青少年和父母、长辈相处过程中产生的孤独感。青少年正在积极寻求人格独立、经济独立，会下意识地减少对他人的依赖，这也加剧了青少年孤独感的产生。从积极方面而言，孤独感能促使青少年心理独立和走向社会。

青少年在走向独立的过程中，不仅需要面对孤独感，还需要面对疏离感。疏离感是青少年表达个性、突出自我过程中产生的"副作用"。疏离感产生于个体和重要的人际关系网络，在情感上缺乏有效的联结。具体可以表现为青少年和周围环境之间的关系从最正常的互动，逐步发生疏远，进而体验到包括孤独感在内的消极情绪。国内外研究一致认为，疏离感在不同的年龄阶段表现出直观的不平衡性，并且青少年时期是疏离感发生的高危时期。发展心理触及社会化理论认为，青少年的疏离感来源有三：家人、学校和同伴。早期的研究认为，家庭关系是青少年疏离感的重要来源，家人的陪伴对青少年的成长起着重大的作用，家人关系的远近对青少年心理有着重要的塑造作用。近年来，随着新媒体技术的发展以及相关领域的研究，结果发现青少年的即时通信媒体使用和手机依赖都与家人疏离感水平呈现显著的正相关，个体对手机的依赖对于其疏离感水平的高低有着显著的预测作用。

与孤独感一致，疏离感也强调主体内心的感受。疏离感最表层和字面的意思就是疏忽和远离，个体和亲友、同伴之间的人际关系疏远、交往远离，进而产生消极的心理情感，其中就包括孤独感。从深层次分析，疏离感是一种多维度、多层次的情感，这就意味着疏离感和孤独感有着一定的重合。二者都有可能因为亲友的行为在情感层面上产生波动。从症状学上看，疏离感包括孤独感，青少年思维敏感，更容易产生疏离感。青少年又更加倾向于对外界进行消极和敌意性质的归因，从而更加容易体验到疏离感，这是这个年龄阶段的心理正常动态。

总而言之，孤独感和疏离感都源于个体和亲友之间的交往活动，可作为一种衡量标准用于判断人际关系的质量。

二、陪伴关系对青少年人际适应的影响

父母和同伴无疑是青少年最重要的依恋对象，相应的亲友关系也是影响青少年人际适应的重要关系情景。虽然两种关系的情感基础不同，但是作为青少年发展的过程中必须接触的人际关系，都为促进青少年发展和心理成熟提供了特定和必要的社会支持方式。阶段性的交往活动也让青少年有着阶段性的特征，青少年一方面需要维系和父母之间的感情联结，另一方面又要发展新的伙伴关系，当不同领域、不同阶段的关系平衡管理遇到障碍的时候，就可能导致孤独感等消极情感的产生。研究表明，父母和同伴领域的人际适应问题分别与不同的精神病理学指标存在相关，并且与不同的社交媒体平台的使用存在纵向相关。

总之，青少年时期，人际适应的情况有着不同的类别和表现方式，有必要根据不同的亲密关系进以区分。这同时也说明另一个问题，青少年的成长离不开群体归属，青少年需要在群体中明确自身定位，但是青少年未必能实现合乎理想的群体归属。青少年离不开群体，群体能给青少年心理成长提供一个安全的空间，带给青少年安全感。但是，孤独感和疏离感又让青少年对人际关系保持一种警惕，最终导致青少年既渴望从群体中获取认同和安全，又对人际保持一定戒备心理的局面，呈现出"孤独地群居"状态。这和成年人社交方式并不相同，成年人的社交往往和利益、社会关系挂钩，处于院校内的青少年缺少这层社会关系挂钩，其人际交往活动更多地依靠价值观、情绪等心理因素做出判断。

三、青少年的媒体使用

随着互联网的发展，我们的社会进入信息化时代，社交媒体成为日常生活的一部分。以微信、QQ、微博、抖音等为代表的新媒体平台已经成为青少年日常生

活的一部分。现在的新媒体平台都在强调社交属性，强调交互性，所以新媒体又被称为社交媒体。青少年可以借助新媒体查看和浏览自己关联用户的各种网络信息。作为当下青少年之间最流行的网络交往形式，新媒体使用与早期的媒体通信交往行为有着很大的区别。早期的网络通信更多的是承载即时通信功能，现在媒体已经集网络社区、网络交际、网络购物、网络娱乐等功能为一体，新媒体不仅是一个沟通的平台，更是用户自我呈现的平台。显然，新媒体对人际适应的影响也区别于早期的网络通信平台。随着相关研究的进步，尤其是网络心理学的发展更是加快了相关研究的细化。

研究发现，个体的媒体使用一般有两种，一种是用于促进人际关系的主动性使用内容，如状态更新、分享和评论等；另一种是不涉及直接的信息交流活动，属于被动的信息接收或信息浏览活动。孤独感强烈的个体其媒体使用更趋向于后者，这一行为又加剧了个体的心理孤独。网络呈现是自我呈现的一部分，是主动性的媒体使用，因此对个体的心理活动的影响是积极向上的。

早期的关于互联网对人际关系的研究主要是替代假说。该观点认为，互联网的使用占用了个体大量的时间，牺牲了更有价值的社交活动，因此，不能促进个体之间人际关系的进步，这无疑会加重个体的孤独感，造成线下人际关系的疏离。替代假说的主要观点是网络媒体的使用替代了线下的交际，线上交往的弱关系替代了现实中的强关系。随着互联网技术的发展，新媒体平台不断进行功能整合优化，用户规模也在逐日扩增，替代假说逐渐受到质疑，促进假说开始进入人们视野。与替代假说相反，促进假说认为媒体使用有利于促进青少年人际适应的发展，能降低青少年的孤独感。因为现代互联网技术变得越来越成熟，与早期的粗犷式的互联网开放空间相比，现代互联网技术给人提供了一个私密的、脆弱的社交环境，青少年更容易在这个环境中进行自我表露和自我呈现。而这些行为都有利于青少年之间彼此关系的确立。所以，促进假说认为，互联网促使青少年之间建立超越现实的更亲密、更高质量的友谊。现代网络媒体和早期网络媒体还有一个很大的区别，这也是导致研究理论嬗变的重要原因。早期的互联网媒体用户往往是在社区内进行信息浏览，交互的对象往往是不熟悉的陌生人，而现代的媒体使用主要是维持已有联系的亲友关系。这是提升人际亲密度，降低孤独感最有力的支撑。互联网是个包容性很强的空间，每个理论都能找到合适生长的土壤，一种理论的发展不代表既往理论的绝对崩解，既往的理论总能在互联网空间寻得一席之地。有关研究也发现，前期互联网媒体的使用时间越长，之后的情绪状态就会越消极，这说明替代假说仍然有着影响力。

青少年的人际关系主要有家庭关系和同伴关系。网络社交对不同的人际关系又起着不同的影响，这也是造成关于青少年网络交往与人际适应关系研究难以得出一致结论的原因。不同的交际行为对同一个人的影响不同，同一个交际行为对不同的交际主体影响也不同。通过考察不同人际关系来源的孤独感与网络交往，研究发现，线上交往能极大缩短和家人的联系，但是与恋人和伙伴的联系却能上升。这表明网络人际关系和网络接触时间呈现正相关。早期的互联网交际行为认为网络交往活动优先于亲子之间的交往，家庭日常活动可能对亲子关系产生破坏作用，网络使用的替代假设和促进假设分别在不同人际关系领域得到印证。

网络媒体是一种新兴的网络社交方式，青少年在网络上互动的主要对象不是父母而是伙伴。媒体使用对非家人关系影响更大，家人关系的稳固和发展受到网络的影响较小。这也就是说，个体和家庭之间的关系并不会因为网络媒体的使用而受到巨大的波动；对比之下，个体和非家庭成员之间的关系却会随着社交媒体上的互动行为而变得更加亲近。另外，从整个人生发展旅程来说，社交媒体的使用和不同人际适应，在不同的年龄阶段有着不同的表现形式。

总而言之，社交媒体的使用对不同人有着不同的影响。基于网络媒体使用的替代假说和促进假说的特点，可以看出，社交媒体的使用有助于降低个体孤独感，提升同伴关系，也有可能导致亲人关系的疏离。

第三节　青少年与社会：稚嫩的理想主义

美国社会学家、教育学家杜威在《哲学的改造》指出，个体与社会的关系有三种态度：一是社会为个体存在，二是个体服从社会，三是社会与个体有机结合。社会需要个体的从属，同时也需要为服务个人而存在。青少年与社会之间的碰撞，对青少年职业教育有着巨大影响。

一、理想的确立和社会化

理想主义确立在现实主义的土壤中，理想社会化的过程就是职业化的过程，社会认知职业生涯理论对职业教育的研究具有重大意义，理论认为人、行为、环境之间相互影响；该理论强调人的才能引导个体的职业生涯行为；认为个人和环境因素可以强化或者弱化，甚至可以推翻职业生涯相关的行为。社会认知职业生涯理论以三个核心概念为依托，对职业生涯过程进行解释：自我效能、结果预期、个人目标。自我效能是最关键的部分，起决定性因素。

自我效能并不是一个单一的因素，而是在特定领域范围内所表现出来的自我信念。例如，我是否能完成本学期的期末考试，我是否能完成体育篮球训练。这对青少年的执行能力起到关键作用，影响青少年价值选择和职业考虑，人们往往从事自我效能高的职业，规避自我效能低的职业。

心理状态影响着自我效能，喜悦、悲伤、冷静都影响着青少年自我效能的发挥。除此之外，个人本身性格、知识水平、技能、自尊心也影响自我效能的发挥。一般来说，充满自信的人自我效能发挥水准较高，融洽的氛围也有助于自我效能的发挥。

个体对环境信息的解码也影响自我效能的建立，在某一领域不断积累经验，不断获取成就能调高自我在该领域的自我效能，反之，会拉低该领域的自我效能。无论高与低的自我效能水平，都会影响青少年的结果预期，从而影响青少年的职业理想。

结果预期就是对某件事的行为结构的预判和期望，青少年缺乏一定的社会实践经历，同时又对自身的能力水平持高估水准，这往往造成青少年呈现一种稚嫩的乐观主义精神。社会评价往往认为青少年是"理想主义""年少轻狂""不知天高地厚"的形象，这与青少年的结果预期偏向理想主义有关。同结果预期相比，面对高难度、高技术性的某种行为，自我效能更具有影响力。例如，在考虑是否成为一名高级管理技工的时候，青少年往往持有高的自我效能水平，因为从社会共识角度而言，高级管理人员往往与高收入有关，但是如果青少年怀疑自我能力，降低自我效能，就会放弃这一行为选择（图3-2）。

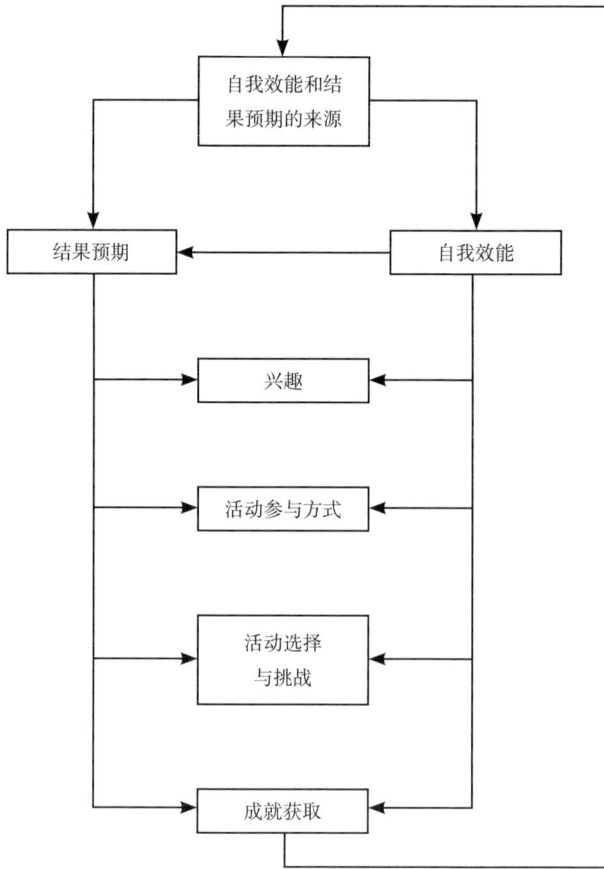

图 3-2　社会认知职业生涯理论的兴趣模型

作为人类史上最大规模的生育管控，计划生育政策在中国成功实施，有效遏制了人口增长的问题，但是独生子女的身心发展问题又得到关注。在独生子女的家庭结构中，祖父两代人都对子女溺爱，导致青少年独立性差、精神孤独等心理问题，从幼儿园和小学阶段的研究调查显示，许多独生子女有着不可取的心理性格特点，更加以自我为中心，更加理想化、做事缺乏耐心、缺乏意志力、自律性差等问题，独生子女挑食问题也更突出。

作为历史上的特殊人群，独生子女面临的独特家庭结构是前所未有的，而这一代人正值参与职业教育的合适年龄，这将会给职业教育带来一定的挑战。如何引导独生子女、教育独生子女，不仅是父母所承担的问题，也是职业教育工作者的问题。

另外，还有一个问题，社会单位需要考虑在内，那就是家庭文化的影响。家是青少年接触社会的第一步，而孝文化是维系中国社会等级制度的重要支撑，也是中华传统美德，这里的孝具有两层含义：一层是从个体层面上而言，另一层是从社会结构方面而言。在社会结构方面，孝文化体现了中华传统文化的期望，使孩子对父母、兄长完成一定的尊崇、顺从的礼仪和选择。一个孝顺的孩子往往能获得所处个体环境的认可，会对其美德有所嘉奖。这也使家庭观念对于青少年择业选择影响颇深。在青少年日常的家庭教育中，家长可能有意无意地灌输部分自身认同的职业理念，使青少年早早便对职业选择有一定期望，甚至期望自身所无法触达的职业。同时，也有可能导致青少年对职业产生一定误解与歧视。受教育阶段的青少年往往会对未来饱含憧憬，其中有不少原因是受到父母的影响。这种憧憬与现实对撞，产生无法调和的参差，使初入社会的青少年对社会产生一定的误解，这也会打击青少年的职业精神。

二、理想的完善和调整

青春期是个漫长的时期，青少年理想确立并且不断完善。理想的确立仅仅是开始，之后不断地完善和调整才是"重点内容"。从整体上说，早期的理想确立都是符合自身心理预期实际的，但这个符合实际涉及一个张力问题。例如，一名学生梦想成为职业教育的教师，但是具体是中职还是高职，是教授理论还是实操都不能确定；又如，一名学生的理想是成为一名总裁，但现实是学生目前只是一名一线技师，理想和现实存在一定差距。所以说，青少年的理想确立，就当时而言是合乎实际的，但是长期来看可能是稚嫩的。随着青少年的成长和成熟，这种"张力"会逐步收缩，其心理预期和现实预期逐步对称，青少年的理想也从"稚嫩"走向"成熟"。

理想调整的缘由有很多。首先是青少年对社会需要的把握。这里需要说明的是，社会需要本身限制在社会发展的条件下，社会发展是个时代概念，有着较大的时间跨度。从这个角度上说，个人的抉择是不会错的，都是社会需要的，因为社会需要是一个足够宽泛的范畴，也是多层次的范畴，零售、加工、运维都是社会需要且是长期需要的。实际上，个体理想的调整不仅是对社会把握的过程，更是对社会需要期望把握的过程。社会需要本身是微观领域的发展变化问题，现实社会的职业岗位、职业内容都会发生细微的变化。最简单的例子，车辆驾驶员是一份拥有很长历史的职业，但是车辆的功能也在进行着细微的变化，甚至随着网约车的出现，出租车驾驶员的需求也减少了。假如学生选择了类似性质的职业目标，就不得不考虑职业调整的问题。

其次是胜任度的问题，也就是因自我胜任能力对目标的调整。部分职业需要兼备不同性质的职业技能，甚至是天生的身体素质。例如，建筑行业需要一定的绘画功底和审美水平，海员需要很高的视力条件，车辆驾驶员不可以有色盲和色弱的情况，这是岗位本身的需求，而这些需要可能只有从事这个行业的劳动者才能清楚。青少年因为缺乏一定的实践经验，缺少对自身的理解，甚至对于自身从事的职业发展方向也缺乏深刻的理解，难免出现盲目选择和从众选择。因而，在职业体验和走向社会之后就需要不断地进行调整。

最后，也可能因为兴趣爱好进行一定的理想调整。经验告诉我们，在个人成长过程中，个体并不能精准捕捉到自身兴趣和爱好，兴趣爱好本身也会发生一定的变化。这其实和个体的认知有关，在学校教育阶段，学生更多的还是从互联网上和书本上了解世界，学生的理想受到视野限制。当接触到更加符合自身实际的职业定位时，人的理想信仰也会更新，尤其是职业信仰。

调整理想目标带有一定的终身属性。对于理想目标的调整，发端于青少年成熟时期，持续在未来职业实践过程中。在某种意义上说，人的一生都在进行理想调整，但是密度最大的阶段是在教育完成之后，这是择业的关键时期，出现一定的调整也是正常现象。无论是出于对社会把握的原因，还是对自我胜任能力考察，甚至是自我兴趣爱好，都是理想目标调整的基本原因。青少年的理想信念，最终也会从"稚嫩"变得"成熟"。

第四章 职业体验

学生的职业、就业不仅源于课堂，还源于自身的实践和感悟，只有经过学生自身实践的理论，才是符合学生发展的理论。这些理论和方法对于当代大学生今日的择业、就业，将来的人生运筹，乃至自我价值的实现等方方面面都具有很强的指导作用。

第一节　目标：给定职业生涯方向

作为综合实践项目，职业体验的目标设定是职业体验活动首先需要考虑的问题。合理、科学的职业目标设定有助于在实践中使得职业体验活动的目标与职业教育的核心素养的育人目标更为统一，有助于将学生的职业生涯规划纳入职业体验目标设定的依据之中，而且可以帮助教育者思考具体职业体验活动目标的不同侧重点。

一、综合素养视角下的职业体验目标设定

（一）职业体验活动目标应该与核心素养育人目标相统一

这里需要引入"核心素养"概念，该理念应用到职业教育之中是从20世纪90年代开始的，1994年世界经济合作与发展组织提出了基础性的核心课程，为学生提供一个以知识、能力和价值观为主的生存装备；1996年，联合国教科文组织界定了21世纪社会公民所必备的基本素质："学会求知、学会做事、学会共处、

学会生存，"这也是基础教育核心素养的前身。随后的几年时间里，欧盟、美国等国家开展了基础教育中关于"核心素养"的研究。此外，日本、新加坡等亚洲国家也开始着手提升学生在未来社会的竞争力，努力构建学生"核心素养"体系。自党的十八大后，我国将立德树人作为教育的根本任务，教育部组建专家组集中研究中国学生发展的核心素养。2016年9月，教育部委托北京师范大学联合国内高校百余位专家共同完成的《中国学生发展核心素养》研究成果发布，核心素养以培养人的全面发展为核心，分为文化基础、自主发展、社会参与三个方面，综合表现为人文底蕴、科学精神、学会学习、健康生活、责任担当、实践创新六大素养，具体细化为人文积淀、理性思维等十八个基本要点。

其中，文化基础重点强调的是人文知识和科学知识等领域的知识技能，要求学生能把握人类文明的优秀成果，追求真善美的文明素养，并以此发展成具有宽泛文化基础、有更高精神文明追求的个人；自主发展重点强调个体能够有效对自我生活进行管理，能够认识发展的自我价值、发掘自身潜力，有效应对复杂的社会环境；社会参与重点强调个体的社会参与，这要求个体具备现代公民的基本规范，有强烈的社会责任感和集体荣辱感，遵守现代社会秩序，提升创新精神，促进人的价值实现。

国内学者也在不断地展开关于核心素养的研究，研究表明，核心素养的功能已经远超于职业和学校的范畴，不仅仅是满足学习和工作的需要，还有助于促进学生成为更加健全的个体，培养学生独立人格，使其能更加适应未来的变化，促进社会的良好运行。我国现阶段的职业体验应该扎实地与时代脉搏相结合，注重复杂情境中培养学生的核心素养，职业体验作为职业化过程重要环节之一，其宗旨是能让学生在真实的环境中体验式学习，培育具备核心素养的个体，使学生能够完全融入未来社会。所以，在职业体验过程中，各方均应该着眼于核心素养的育人目标，把通过活动可获得的"核心素养"做出细化的分解和说明。

同时，学者们的研究也表明，核心素养的功能已经超出了职业和学校的范畴，不仅仅局限于学习上和工作上的需要，还有助于个体的健全。健全的个体往往能更好地适应社会发展的变化，能够促进社会进步。

现阶段，我国的综合实践活动愈发强调和时代脉搏相结合，这就要求注重学生在复杂情况下的核心素养的培养。职业体验是综合实践活动的重要内容，旨在让学生模拟实际情况中的职场环境的反应，培养具备"核心素养"的健全个体，能够更好适应未来职业目标。

（二）基于中国学生发展核心素养框架确立职业体验目标

对于通过职业体验活动获得的职业素养，可以以"中国学生发展核心素养"框架为引领来设定。结合职业体验活动自身的特性特点，可考虑将之更多地凸显在框架中的"自主学习""健康生活""责任担当"和"实践创新"等维度内容中。一是在"自主学习"维度，可以考虑目标内容包括但是不限于系统观察、系统分析、质疑和批判精神；通过掌握科学的学习方法提高自身学习效率，从而应对学校之外的各种学习场合；这就需要学生具备规划学习、生活、职业的意识和相关能力，能在复杂的环境中实现自我发展。二是"健康生活"，可以包括的目标内容但不限于通过职业体验使学生积极与人沟通，并逐步认清自我，形成持续发展自我生涯的能力和水平，以积极的态度管理当下的学习和生活。三是"责任担当"维度，可以考虑的目标包括但是不限于通过职业角色的明确自身职业责任，主动承担职责和社会责任，加深对职业角色的认识并强化自身责任担当意识；树立明确的职业理想，增强对他人、家庭和社会的责任感。四是"实践创新"维度，可以考虑的内容包括但是不限于通过体验一定的职业角色来认识世界、认识劳动，形成正确的劳动品质和劳动习惯；在此基础上发扬学习精神和创新精神，理解职业技术活动的基本理念，进一步激发自身的发明创造力。

核心素养强调的是人的综合能力和全面发展，绝不是单科或者单一类型的教学能够实现的。现实社会面临着大量的综合性的问题，自然、社会、人性之间存在着复杂的联系，这些问题的阶段不仅需要专业化的人才和知识，也需要多学科、跨领域的知识联动协作，需要整体的世界观来看待问题，需要用整体的方法论来解决问题。在这样的环境和视野下，任何单一的学科知识内容都是促进人的综合能力提升的某种单一的素材。只有整合不同领域的内容和知识，使之产生"关联"，将知识运用和环境适应进行"关联"，才能提升知识整合的能力，最终实现人的全面发展。❶职业体验的目标就是要成为一个这样的平台，让学生能够综合全面地看待问题，思考和解决问题，引领职业生涯的方向。

---

❶ 寿延，亓玉田.跨学科课程的设计与实施［J］.基础教育课程，2018（22）.

二、生涯教育下的职业体验目标设定

（一）树立职业生涯意识

"核心素养"是职业体验活动目标设定的内核。除此之外，在生涯教育视角下，去看待整个人生的职业体验活动的目标设定。这有助于唤醒学生生涯意识、形成生涯志趣、理解生涯角色、发展生涯决策力。我国职业教育往往是从九年义务教育结束后开始的，这阶段的学生处于即将步入社会之前，部分学生甚至会开始社会劳动，学生应有能力将自己的职业生涯目标同自身实际结合起来并做出判断，寻找适合自己的职业定位。开展职业体验活动的目标在于深化教学中的社会规则，初步体验感悟个人成长与社会需求、国家发展之间的关联，增强自身实践水平，根据自身特长进行职业生涯规划和选择的能力。此时，学校有义务提供相关心理测试，多途径查找了解学生期望与合适的职业，从而进行职业体验，整体规划自己的职业生涯，学校也有义务对学生的职业生涯规划提出建议，积极为今后人生做准备。这一活动的设计目的在于引导受教育的学生进一步加深对职业的理解，同时结合个性化认知体验，能客观、实际地完成职业生涯规划，了解社会运转的基本规则，体验职业过程。从生涯教育视角来看职业体验的活动目标设定，主要包括以下四个方面：

第一，唤醒职业生涯意识。职业体验活动可以让学生初步接触到职业相关工作，不少学生甚至是首次接触社会职业，并意识到个人能力和社会需要之间差异，通过职业化的行为来对自我进行重新审视。并且意识到个人在兴趣、能力和价值方面的差异，扩充到自我认知上。这就是初步唤醒职业意识，并开始构思未来，这种构思更多的是基于理性和当下实践的构思，和早期构思可能会有出入。

第二，形成生涯志向。职业体验活动能够让学生发现自己的兴趣和特长。并在职业体验的过程中进一步判断自身的特长和兴趣，同时加深对职业和社会运转机制的理解，再将自己能力和职业要求结合，理解职业生涯角色的内涵，找到个人生涯奋斗的方向。

第三，理解生涯角色。职业体验活动可以让学生了解一些社会上职业内容的具体需要，理解自己的社会定位和所需要承担的社会分工的问题，指导自己在不同年龄段所需要承担的责任和义务，明白迫于生计的职业、实现人生价值的职业、幸福的职业三者之间的辩证关系，从而理解职业化和职业发展对个人的意义，并将其与当下的学习生活联系起来。

第四，发展生涯决策力。职业体验活动能够促进学生思考生涯发展道理，有助于学生做出有益于生涯的决策，确立生涯目标。这会直接影响到学生生涯计划的制定、回顾和反思，并且不断调整。这也表明，职业体验过程中也需要培养学生的信息接收能力。

如果将四个维度的目标与不同学段相联系，那么不同的学段仍然有不同的侧重点，这些目标的设定也要有不同的倾向。教育学段可以分为：义务教育阶段、中等职业教育阶段、高等职业教育阶段。

义务教育阶段的目标：这个年龄阶段的学生对职业的构想更多的是一种"幻想"，学生对职业进行感知，往往会依托兴趣进行一定程度的模仿。这一阶段开展职业体验活动，以理解并遵守公共空间的基本行为规范，初步建立自我和职业之间的联系。适当安排学生对其可接触范围内较低职业中选择岗位体验，了解不同岗位的内容和细节，基于这个阶段学生身心成长规律，考虑学生职业兴趣培养。义务教育阶段的职业体验应当侧重多样化，体验多种职业之间的劳动特点，体会劳动的艰辛，培养尊重自己和他人劳动成果的意识，体会劳动生产生活的内涵。

中等职业教育阶段的目标：该阶段的学生已经处于职业尝试期，生理和心理变化十分迅速，自我独立的意识开始形成。求学期间，职业知识和职业技能显著提升，综合素质显著提升，初步懂得步入社会的经验，部分学生甚至已经拥有一定的社会生产的经验。这一阶段的职业体验活动，目的要明确，积极发展学生的专业特长和兴趣特长，形成积极的劳动态度，具备初步生涯规划的意识。为实现学生职业生涯规划的目标，中等职业教育阶段的职业体验活动应在体验基础上，更加关注学生对职业的认识和思考，甚至需要安排教师帮助学生进行总结和反思，让学生在实践中分析自我，形成正确科学的自我评价，为将来择业就业奠定坚实的基础。

高等职业教育阶段的目标：在高等职业教育阶段，学生即将以成人的身份步入社会并走向职场，这是职业实现的时期，部分学生已经进行了深度的社会劳动。学生需要更加客观地把自己职业愿景和社会需要相联系起来，学生的主观意愿必须和现实能力以及社会现实联系和协调起来，寻找合乎自己的职业角色定位。开展职业体验活动的目标就需要让学生体验到深化的社会规则，初步体验个人成长和职业世界、社会进步和国家发展之间的关系，以增强自身特长为目的进行职业规划和职业选择。

（二）职业生涯阶段的内涵

2017年，《中小学综合实践活动课程指导纲要》（以下简称《纲要》）中，最引人注目的部分就是创新性地提出了综合实践活动的四种活动方式，分别是考察探究、社会服务、设计制作和职业体验。职业体验活动目标与设计必须与社会需求世界相契合，这也需要在价值认同、责任担当、问题解决、创意物化方面有针对性地提出不同的培养目标。

从价值认同的维度来看，职业体验过程中就需要学生形成正确的价值观，进而树立起科学的职业观。学生在职业体验过程中，难免会产生不同的认知，这或许与教学设计相背离，有的学生会产生诸如"读书无用"的思维，认为从事体力劳动不光彩等认知。职业体验中就需要培养学生的价值认同，组织学生进行思想反思，从而使学生明白社会分工下的每个人的具体职能，树立职业无高低的职业认同观，让学生克服职业偏见，形成健康向上的积极心态。另外，职业体验活动的教学目标还在于使学生具备专业的职业精神，对特定职业道德的遵守，对特定身份理念的认同，培养学生一丝不苟、尽善尽美的工匠精神。

从责任担当的维度来看，职业体验活动的目标需要通过对职业内容的体验，从而提升学生对职业道德的理解，形成对身边人负责的态度。例如，学生一般对警察这个职业有统一的认知——为人民服务。但是对于具体的警种，以及对于某类警种的细化部门都是不了解的，更无法感受自己从事这份职业后的生活将发生哪些变化。与之相关的职业体验活动有助于学生更加近距离接触警察真实的工作环境，了解职业使命，倘若从事相关的工作，会因此而增加一份职业责任感。这将有助于学生在不同职业岗位上继续发扬光大其专业且认真的责任意识。

从问题解决维度来说，职业体验活动的目标必须引导学生发现问题，解决问题，从而提高学生分析问题的能力，为将来正式进入职场做铺垫。例如，学生在体验快递派送这一岗位中，必须学会分析路线、节约时间、提高效率，解决影响自我工作水平的障碍。

从创意物化维度而言，职业体验的目标还在于提高学生的创新意识，培养创新思维，通过制作完整的作品来提升创新水平，为职业生涯发展奠基。任何行业一线均缺乏创新人才，创新本身就变成了一种稀缺性、竞争性的资源。即使是同一产品，其市场调研、设计图纸、加工制作等每个环节均有机会突破和优化。

以上可以说是从纵向上进行理解。从横向上也可以将各学段的职业体验活动进行上述四个维度的细化，并确立具体目标（表4-1）。

表4-1　职业体验活动目标侧重点在四个维度的学段细化分解

目标	义务教育阶段	中等职业教育阶段	高等职业教育阶段
价值认同	学生走进职业，初步建立对职业的感性认知 能够进行职业反思，发现自己的职业兴趣 体验多种职业岗位，了解更多岗位细节，学会尊重劳动成果	能够理解日常生活学习和未来的关系，理解职业意义 能够思考生活方式，理解人生理想、客观现实、职业理想三者的辩证关系	结合自身实际选择合适的职业岗位，树立终身学习的理念 深化自己的劳动体验，养成正确的劳动态度
责任担当	初步理解社会分工的内涵和多种岗位的不同职业 学会理解体谅教师、父母，初步形成对社会负责的意识	能够形成对自我、家庭、社会责任的态度 树立道德意识和职业意识，理解劳动者的责任与义务之间的关系	明确成年人责任 理解社会责任和社会担当，增强法治观念和道德意识
问题解决	能结合生活和学习经历，发现、提出并尝试解决自己感兴趣的问题 学生能够在家长和教师的引导下寻找初步解决方案	能关注并思考生涯问题，解决规划问题，在生活中寻找和生涯相关的问题 能形成初步的解决方案或者能进行更加合理的规划以规避当下的问题	能对个人感兴趣的领域进行探索并且发展出相关想法，提出一定的具有创新意识的问题 综合运用知识解决问题，增强实际解决问题的能力，尤其是涉及自身升学和规划的问题
创意物化	能通过积极的劳动体验培养动手和实践能力 能形成具备个人风格的创意作品，包括简单的手工制作、绘画等	运用一定的操作技术解决职业遇到的问题，能将个人部分意愿进行实践转化 利用现有资源对既有作品进行先精细模仿、再简单创新	能积极参与实践，提高实践能力和水平，并且具备合格的职业操作技能 能将自身的创造性思维带入职业生涯的实践中

从多角度分析职业体验的目标，是为了更好地把握职业体验过程中的目标导向的问题，配合国家教育的政策方针，完成青少年职业体验目标摸索的第一步。

第二节　价值：提升个体社会适应能力

职业体验的价值的影响范围较为广阔，不仅对学生产生影响，还会对学校产生影响，最终会对整个社会产生影响。张华教授认为，职业体验活动有两种活动价值，一种是直接的体验价值，另一种是追寻学习意义的目标价值。第一种表现出极强的直接现实性，后者则更具社会性。诚然，二者的区分是相对的概念，有时候二者的界限会十分模糊。但是如果在这样的分类下强行做出区分的话，职业体验的价值更倾向于前者。

学生在职业体验中所看到的不仅是个人发展的价值，还会有一定的哲学式的思考："世界会更美好吗？"学生职业体验的价值就是通过实践来摆脱内省式哲思的困扰，得出"我的努力会让世界变得更好，至少会让我的世界变得更好"的结论。当然，学生自身世界和外在世界是统一不对立的。将学生的发展和世界发展联合起来，是教育价值的整体提高，是让世界变得更好的一种手段。

职业体验的一大价值便是促进学生职业生涯管理的素养，提升个体的社会适应能力，这也是对时代的回应。当前，职业学校的教育更加强调个体在面对社会实际时遇到不可预测的挑战时能够独立自主地做出灵活、安全的决策，这是基于"立德树人"的总要求而发展学生的核心素养的行为体现。职业体验能提升学生的"生涯管理素养"（Career Management Competencies，CMC），即个体发展自我意识、探索生涯机会、进行生涯决策并实施生涯行动的关键能力及必备品格。

生涯是融合生命历程和职业发展后的概念，是指一个人一生的各种职业和身份的综合。职业生涯是一个线性长期的概念，并不是指一段时期，一种身份，这需要从宏观的视角去分析，个人的职业生涯规划与社会大环境息息相关，帮助学生适应快速变化的就业环境，形成积极的职业生涯观念是职业教育学校不可推卸的义务。

生涯发展不仅是解决学生当下就业的问题，还在于平衡未来身份的转变，它首先承认社会环境是一个动态的过程，且按照今天的发展模式，社会流动性正在加快。它强调个体意识必须在生活中不断变化和成长。在国外的职业生涯发展模式中，澳大利亚、新西兰、英国、美国、加拿大均将个体视为生涯的主体，将自我概念视为生涯发展的重要起点，要求个体积极关注自我、突破自我，以自我为基础，自信、高效地与别人交流交往，促进个体自我概念的完善。

另外，生涯探索也是学生对信息进行整合，探索机会的过程。机会探索依赖一定的经验总结。学生捋顺学习、生活、实践、社会发展之间的关系，就是在整合信息、积累经验，而这一过程，也是拓宽视野的过程。这与世界范围内在20世纪90年代提出的基础教育和育人标准的核心素养相一致，如欧盟就曾提出过数字化核心素养就是学生能搜索处理以及批判性使用这些信息。[1]虽然不同国家提出过不同的核心素养追求，但是面对生涯发展、机会探索、未来竞争这三个方面的需求，几乎所有国家的指向都是相近的。至此，整个生涯理念的脉络就很清晰了：生涯规划为引领，这是个体在生涯探索和权衡利弊之后做出的目标性规划；由于个体面对的环境变化复杂，这就要求个体必须树立终身学习的意识，不断更新社会技能，理解社会形势与自身角色的变化。

当下，我国的职业教育仍然有着"应试教育"的缩影，学校仍然倾向于学术知识的教授，相对忽视社会经验的总结，这就导致学生勤于埋头苦读，而缺乏社会经验性的总结，以至于在择业时十分迷茫。这里可以借鉴杜威提出的"主动作业"模式，这是一种强调现实实际的形态，强调教育应该融入学生成长过程中去，只有学生走进真实的职业世界，获得实际的职业体验，才能真切地感受到学校教育和职业现实之间的区别和联系，才能摆脱之前的迷茫，进一步感受学习的意义，才能主动探索，更好地应对社会生活的挑战。[2]

我国的职业教育更多的还是向技工方向侧重，这就使劳动教育变得十分有价值。2015年8月，教育部、团中央、全国少工委发布了《关于加强中小学劳动教育的意见》(以下简称《意见》)，明确要求将劳动纳入教育体系中，明确要求要通过劳动培养学生的态度，引导学生树立正确的劳动价值观念。《意见》明确指出，要将劳动纳入综合实践活动课程之中。明确要求学校不仅需要提供校内劳动参与，还要积极组织校外劳动——中小学每个学段都要安排一定时间参与农业生产、工业体验、商业和服务业实习等劳动实践；结合研学旅行、团队活动和社会

[1] 林崇德. 21世纪学生发展核心素养研究 [M]. 北京：北京师范大学出版社，2016:65.
[2] 约翰·杜威. 杜威全集·中期著作（1899—1924）（第九卷）[M]. 俞吾金，孔慧，译. 上海：华东师范大学出版社，2012:248.

实践活动，加强城乡学生交流，组织学生学工学农等活动。从国家层面来说，对劳动教育已经提出了刚性需求。目前来说，国内职业教育在校外劳动这方面落实还有所欠缺。我们已知，职业体验必定是参与劳动的过程，从职业体验入手培养学生劳动精神，是一种有益的尝试，并在此基础上，推进学校在劳动教育上演化出特色课程，从而有益于提升学生的综合素养。

劳动带来的意义并不是只存在于人格培养方面，与纯粹的普通教育不同的是，劳动教育的过程就是跨学科学习的过程。跨学科学习一定会涉及两种或以上的学科观念，解决真实的问题，既是一种跨学科意识的课程，也是融实践性与探索性的一种深度学习的方式，是一种立体化的课程形态。跨普通教育旨在融合多种途径的学习教育理念，强调不同学科知识的内在整合，系统地理解世界表象和本质之间的关系，培养学生自由的人格。职业体验的劳动属性，自带跨学科学习的属性。一方面，职业体验是围绕一个核心问题开展的实践性教学互动；另一方面，职业体验是学生自主探索的过程，基于真实的情景体验，学生能在体验中经历现代职业所面临的各种问题，以及思考如何解决问题，如何融合以往的知识去寻找问题的答案。这就意味着，职业体验下的劳动教育必须在跨学科视域下建立学习内容的甄别、学习资源的整合积累以及教学过程的组织。因此，这样的课程既有突出的劳动特色，也有跨学科学习的特色，为整个学校课程体系的发展增添特色。

最后一点，就是普职融合。逐步消除普通教育和职业教育之间的界限，这不仅是世界教育的主流趋势，也是中国教育目前正在解决的问题。2010年，经济合作与发展组织（OECD）发布了《为了工作而学习》（*Learning for jobs*），充分肯定真实体验对学生学习的意义。次年，哈佛教育研究所明确提出高中教育要重视基于工作现场中的体验而实现对学生多种发展前景的选择。

职业体验便是实现普职融合的一种体现，通过职业体验，学生完全可以从小学便接触职业因素，树立职业是生活的一部分这种观点，这更能让学术性的理论和职业性的学习融合起来，让学业和职业融合。这里面既包含了对当下情景的历史背景教育，也包括了公民法律、经济发展、国家政治的学习，以使未来工作者能触及当代各种问题时能提出个性化解决措施。最重要的是，它能训练未来职业者适应不断变化的能力，从而不轻率地相信"宿命论"。

借助连接学习（Linked Learning），是普职融合的一个途径。该途径的主题是将学生的兴趣、知识、技能与校外世界连接起来，往往这类教育方式会将某种主题作为本校的教学特色，并用于教学实践的各个环节之中，活动主题并不单一而且明确，往往是允许学生追求更广阔的职业体验。职业体验便是实施连接学习的另一途径，连接学术世界和真实世界，倡导实际生活和课堂连接起来。从学校拓展的层面上来看，它仍然是连接学校和实践场所的范围，不仅仅局限于传统的课堂体验内。其实，它超越了以学科逻辑定制学习模式的思维，实现了主题式关联课程进行项目汇总式的开发推进。不仅拓展了学校组织学生在生活和学习中的方式和范围，而且使学生在职业教育学校学习到了学术性知识可以应用到未来与职业相关的内容中去，这是将理论与实践结合的深度模式，让职业学校以外的世界和校内世界连接，因此，职业体验是整个基础教学学段建立联合式学习的重要路径，是实现普职融合的重要媒介。

第三节　实践：出真知

步入21世纪以来，国内外形势发生了翻天覆地的变化。国际化浪潮突飞猛进，信息化思维席卷全球，社会发展进入知识经济时代，宏观层面上的产业升级促使宏观上职业教育理念的转变。职业教育如果不能顺从时代变化，那么就不能承担培育新时代职业人才的责任。目前，"中国制造2025"正在如火如荼地进行，推进职业教育的发展，能为国家发展提供充足的工匠支撑。

2014年，《国务院关于加快发展现代职业教育的决定》（国发〔2014〕19号）指出，要"总体保持中等职业学校和普通高中招生规模大体相当"。职业教育的深入开展，早已成为国家战略层面持续推进。我国经济步入新常态，产业结构面临升级转型的问题，劳动力结构受到严重影响。但事实情况是，我国仍然是制造业大国，离不开高级技工的支撑，在不同行业领域，整个社会对具备一定技术水平的工匠仍有巨大需求。而产业升级后的经济社会发展，更是对当下劳动力市场产生多种要求。近年来，教育水平呈不断上升的趋势，但是教育资源供给却没有太大改变，仍然是呈现金字塔特点，80%的人需要接受与职业相关的技能培训。从个人层面上讲，每个人都应该对教育有一个客观的预期，接受职业技能相关的培训，让自己拥有一技之长，方可在未来不断变化的社会发展中立足。2020年，我国高中阶段教育（含职业高中和普通高中）毛入学率已经达到90%的水平，巩固职业教育发展水平，实现普通高中和职业中学协调发展，国家已经迈出有分量的一步。

在长期的职业教育实践中，中国逐步摸索出来了自己的模式，与西方国家相比，我国的职业教育改革向着多样化发展，办学功能也日趋多元化。经济发展和社会对不同层次的需求是我们确定各个职业教育培养层次的依据。目前，中国正经历巨大的产业升级，要求职业教育在育人方面需要提供对应配套的服务，培养能在产品研发和生产管理环节中的应用型人才，目前这正是我国职业教育结构中的薄弱环节。职业教育更应突破自身边界，将目标定位在培养复合型、创新型的应用技术型人才上。

传统的职业教育存在几个弊端：教学模式单一、培养方向单一；学校与社会脱钩；教学环境建设薄弱；教师水平不高等。这都是长期以来职业教育重理论、轻实践的结果。另外，这也和我国职业教育招生结构有关，职业教育生源质量差、教育质量不高，直接导致了与高等教育沟通受阻的局面，同时长期以来我国文化观念重学历、轻劳动也给职业教育发展造成一定阻碍。

知识经济的时代已经到来，不仅仅是职业教育，整个教育体系都向开放性培养模式发展，这使得各个学科之间可以触类旁通。职业教育自身也在向市场化发展，根据市场需求提供相应的教学服务，国家意志也在深刻地影响和促进职业教育发生转变。随着我国人口红利的消失，劳动密集型产业正在快速向东南亚、非洲转移。同时，包括德国"工业4.0"、美国"再工业化"等政策发布，高端制造业开始向本国回流，这对我国吸引高级制造业产生严重挑战。2015年"中国制造2025"理念发布，制造业的崛起，绝对离不开职业教育的发展。

"中国制造2025"给职业教育发展提供了不少机遇，根据要求，我国职业教育在校生要保持在2200万人左右，值得一提的是2016年，我国职业教育在校生已达1599万人，总体水平与普通高中相当，职业教育在校生总数占比14.4%。在铁路、加工制造、城市轨道、物流、电子信息行业中，新增人员70%源于职业院校。

"职业教育是提高国家核心竞争力的重要因素，高技能人才培养关键看职业教育。是否重视职业教育、职业教育体系是否先进直接影响一个国家的经济兴衰。"❶德国制造业的长期领先地位和其对职业教育的重视息息相关。而我国随着经济建设的进步，尤其是受到改革开放以来一脉传承的思想影响，有着很强的重贸易、金融，轻实体经济的看法。"中国制造2025"正在扭转这一局面，同时由于"中国制造2025"的功能定位，决定了人才需求要高于一般的职业教育，需要强大的政策扶植和资源供给。"中国制造2025"分三步走战略：2015—2025年，迈入制造业强国行列；2025—2035年，迈入制造业强国中等水平；2035—2049年，迈入世界制造业强国前列。

在"中国制造2025"的背景下，职业教育实践被推向高峰，教师聘用上已经向德国"双师"模式学习。有条件的学校已经在按照有关规定，自主聘用教师和聘用兼职教师，选取既具备教学能力，又具备专业资格的讲师。与市场对接、与企业对接。在教师的培养上，依托学校的条件和企业共同培养教师，探索教师"学历资格＋企业实训"双指标的培养模式，建立新型的绩效考核制度，使教职工薪酬分配向校企合作培养的教师倾斜。这也是我国向校企合作的模式进行的有益探索。纵观世界制造业强国，均有独特的校企合作模式：德国"双元制"培养模式可以说是校企合作的典范，日本"产学结合"极大促进了制造业崛起，韩国"产学合作计划"是帮助地区完成产业升级的重要举措。以上研究表明，加快人才培养战略，突出职业教育规范化发展，对跨越"中等收入陷阱"具有无可比拟的战略价值。职业教育必定有校企合作的环节，这是与普通高中教育区别的一大特征，普通高中更侧重于人的智力、知识涵养的培养，而职业教育学校更加侧重学生的实操技能与动手能力的培养。因此，要实现"中国制造2025"的远大目标，提高职业教育学校的办学水准，创造良好的人才培养环境，校企合作是必不可少的一环。

"中国制造2025"极大推进了职业教育的纵向发展，我国也在实践中摸索职业教育的横向发展——普职融合。20世纪80年代，我国形成了职业高中和普通高中双轨制发展结构。普通高中以升学为导向，职业高中以就业为导向，在改革开放初期，这种双轨制模式极大满足了经济发展的需求。随着社会经济的发展，岗位转换频率不断升高，对人才培养模式提出新的需求。普通高中的学生缺乏基本的职业素养，而职业高中的学生往往忽视知识教授的重要性，传统教育体系已经

---

❶ 敬石开."中国制造2025"与职业教育［J］.中国职业技术教育，2015（21）：5-9.

不再适合现代社会经济发展。其实，西方国家也经历过类似问题，各国采取的措施往往是普职融合。早在1918年，美国就开始了普职融合的尝试，经过百年摸索，美国在这方面已经取得极大成功。2014年，我国明确指出我国职业教育的走向问题，提出："到2020年，形成适应社会发展需求，产教融合、中高职衔接，职普相互沟通，体现终身教育理念，具有中国特色、世界水平的现代职业教育体系。"目前，我国已完成了普职融合的第一步，正在向深度融合推进，也是从机械融合向理念融合发展。浙江省普通高中深化课程改革实施方案中，选修课程的结构框架是"知识拓展类、职业技能类、兴趣特长类、社会实践类"，并规定"职业技能类"课程占比不得少于15%。

不过，就目前现状而言，"普高热、职业冷"的现象仍未根本扭转。这种长期以来形成的教育观念在短期是难以改变的，可以肯定的是，即使是在未来十年，仍会是重视普通教育而轻视职业教育。但强行将职业教育加入普通高中，或者将文化课程大规模引入职业院校，可能会产生适得其反的结果。我们必须正视现实条件的制约，去构建普职融合的教育培养体系。这就需要促进不同主体、不同利益方在普职融合的道路上有效合作，建立一条有效的"职高—高职—应用本科"升学途径，逐步引导人才升级，这是纵向措施；横向方面，需要强调普通高中与职业高中的整合，促进二者之间的合作交流，甚至鼓励学校开设"普职融合班"，优化资源配置，从实际操作上做到优势互补，优化资源配置，取长补短。校企合作的时候，应当明确双方的责任义务，确保工作的协调一致，共同保证教育质量。随着我国职业教育的快速发展，职业教育规模已占半壁江山，职业教育规模也占到了高中阶段教育的一半以上，构建中高衔接、普职融合体系，已经成为职业教育发展的一大目标。这既能从横向解决普职之间沟通问题，也能解决职业教育下的人才长期培养问题，完善教育体系，满足企业对人才质量的需求，促进我国终身教育体系的发展进步，满足学生可持续发展的最终要求。

目前，我国中高衔接、普职融合的实践主要有四种模式：一是*N+N*模式，主要有"3+2""3+3""4+2"三种模式，是指中职和高职挂钩，试行一贯制培养，一般学生需要完成3~4年的中职学习，再步入高职完成剩余学段的学习；二是对口招生模式，学生需要完成中职的学习，随后通过单独组织的高职招生考试，到对口专业职校学习3年；三是五年一贯制，是指高职直接从初中招生，完成5年学制的学习，分公共课阶段和专业课阶段；四是自学考试，是指已经从学校毕业并参与工作的学生，自主完成对口专业考试，进入成人高校学习。

最后便是终身教育（Lifelong Education）理念的树立。很多人认为终身教育是教育模式的一种，实则不然，终身教育是一种思想方式，贯穿人的一生。贯彻落实人的全面发展，目前也是国际社会较为认可的学习理念。近年来，职业教育承担更多的培训任务，招生范围进一步扩大，招收的非应届初中生比例已占到总人数的10%，终身教育的功能日益明显。

欧美国家对终身教育十分重视，基本从20世纪70年代便开始立法工作，至80年代，立法工作基本完成；亚洲国家稍微落后，基本开始于20世纪80年代。

除法律支持外，相应的配套设施建设也十分必要。终身学习理念落实较好的国家均积极健全了公共服务体系建设，美国政府出资帮助社区建立社区学院，学院为各年龄段居民提供科学、文艺等知识教授；法国出资新建多所大学，并对没有文化的平民以及自学者开放；日本将原有的社会教育局变更为终身教育局，以为终身学习创造条件；韩国的做法比较完善，在市、道级设立终身教育咨询中心，在区级、市郡、乡镇设立终身学习中心和终身教育馆。此外，还有对应的培训队伍建设，以及其他的社会资源开放。❶

我国的终身学习思潮基本同改革开放相一致，虽然我国自古便有"活到老，学到老""吾生也有涯，而知也无涯"的意识，但是在建立完备的法律体系，强大的资源支撑进度方面，落后于西方国家。一般而言，我国正式引入西方现代终身学习理念是在20世纪70年代末期，最早可考证的文章是1979年人民教育出版社出版的《业余教育的制定和措施》，张人杰在其中撰写了《终身教育：一个值得关注的国际教育思潮》一文。这篇文章被认为是国内终身教育理念引进的第一篇论文，标志着终身教育在中国的研究起步。

终身教育初始阶段的主要特征为老年大学在全国的兴起以及全国扫盲教育的开展。扫盲运动是中国终身教育的一大亮点，1945年全国成人文盲率高达80%，1990年全国第四次人口普查数据显示，成人文盲率下降到22%。1993年国务院印发的《中国高等教育改革和发展纲要》提及"终身教育"，这是国内首次在教育政策中涉及终身教育概念，标志着终身教育理念转变为政策实践。终身教育推进阶段的主要特征可以概括为终身教育体系和远程教育的提出。

❶ 黄健. 国际终身教育发展的七大趋势［J］. 上海教育科研，2014（4）:14-22.

1995年,《中华人民共和国教育法》首次提出"终身教育体系"概念,并把建设终身教育体系上升到基本国策的地位。1999年,国务院倡导全民素质教育,强调远程教育网络在全民终身学习中的作用,为终身教育的推进吹响号角。

自进入21世纪以来,终身教育的理念更加受到重视,终身教育理论研究与实践都取得了迅速发展,出现了地方性终身教育法律法规,终身教育上升到立法保障层面。2007年成立了中国教育发展战略学会终身教育工作委员会,以探索终身教育体系建设与发展规律,开展终身教育理论研究,沟通终身教育信息,组织终身教育学术活动与交流,推广终身教育研究成果为目的,积极开展终身教育、终身学习的理论与实践研究,总结经验,探索规律,为我国建设社会主义现代化教育体系服务,促进建立终身教育体系,推动学习型社会建设。目前,终身教育在国内已经形成规模,全国各地的成人教育、自学考试、广播电视大学、职业培训机构等组织纷纷踊跃参与终身教育,远程教育、网络课程、在线学习也成为学习者喜闻乐见的学习形式。

第五章

职业教育

近水知鱼性，近山识鸟音，一切真知源于实践。职业教育理论具有深刻的人类思维的根基，更具有深切的人类实践的根基，所以职业教育学校的教学应是实践中的一种教学。因此，如何结合当前的形势开展有效的实践教学，把职业教育落到现实层面，实实在在地发挥出思想政治教育的效果来，这是未来发展主要思考的问题。

第一节　青春期：矛盾中的"爱"与"碍"

青少年职业教育是一项"矛盾"的工程。这种矛盾有两种含义，首先是青少年自身的矛盾——反抗心理和依赖心理。青少年渴望赢得认可，这具体表现为一定的反抗精神，一方面反抗父母，出现叛逆行为；另一方面会反抗教师，对抗权威。同时，青少年在生活和大事选择上又表现出一种十分强烈的依赖，如依赖父母的物资帮助和依赖教师的知识判断。在职业教育和职业化的过程中，表现为一定的开放和闭锁心理。青少年一方面用开放的心态去积极面对知识传输，渴望获取新的知识；另一方面青少年往往情感细腻，在学习过程中容易遭受打击，甚至因此而灰心气馁。深刻理解、全面把握职业教育"技术技能人才"，需要从心理学的积极视角出发，厘清技术技能人才的心理特征和心理成长规律，从而为更好地培养技术技能人才提供积极可行的心理策略。

一、矛盾中的职业教育

随着国家的快速发展，职业教育人才培养目的也在逐步改变，这是职业教育的自我革命。进入21世纪，国务院多次召开和职业教育相关的会议，探讨相关内容。我国职业教育的培养目标已经从"高素质劳动者和实用人才"到"高技能专门人才"，再到"高素质劳动者和技术技能人才"的转变。我们一直关注技术和技能之间的关系，让技术和技能整合到人本身上。用心理学的专业视野审视一个整体的人的"技能"和"技术水平"。但是，心理学本身就是一个矛盾的学科，各种观点交织。人的心理本身也充满了矛盾和否定。

（一）"面向2035"职业教育现代化中的"碍"

党的十九大报告指出："中国特色社会主义进入新时代，我国社会主要矛盾已经转化为人民日益增长的美好生活需要和不平衡不充分的发展之间的矛盾。"

这一矛盾是总的社会矛盾，在各个领域均有细分，在职业教育领域，这种矛盾可以细化为人民日益增长的优质职业教育和职业教育发展不平衡不充分之间的矛盾。再具体一步而言，第一，尽管我国职业教育规模体系已经在全世界遥遥领先，这在促进经济繁荣、生产建设方面起到了重要作用，但是时至今日，国内民众对职业教育的认知还处于较低水平，职业教育仍然是一种非主流的选择。第二，我国目前中等职业教育规模远高于高等职业教育规模，这就导致了大量中职生毕业就业困难和高职生毕业供不应求的现象并存，进一步演化为"就业难、招工难"的"两难"格局。长期以来，我国职业教育规模一直扩张，从改革开放初期到今天来看，职业教育院校在数量上得到了显著的提升。但是教育内容的质量增速却没有像数量一样同步提升，不少院校存在"重数量轻质量、重硬件轻软件"的问题。近些年，这样的问题得到改善，越来越多的院校开始侧重教育的内涵和质量上来，但是传统办学思路的惯性依旧很大：专业建设追求大而全而忽视了自身特色，教育过程强调技能训练而缺乏素质教育，校企合作层次浅、水平低等困难依旧困扰着职业教育的发展。

另外，在整个教育环节中，父母不能做到"完全放手"，不仅对学生的专业选择大操大办，对学生毕业后的就业取向也是"一手把持"，父母剥夺了学生的自主性。这不仅对学生学习积极性是一种打击，对学生的就业兴趣也是一种打击。学生本身需要依赖前辈的经验来帮助做出选择，这是成长正常经历的过程。学生真正需要的是在前人经验基础上做出个人的价值判断和选择，而不是直接提供"参考答案"，因为这往往会损害学生的判断力和独立性。从家长的视角看来，这是长辈对晚辈的关爱，但从孩子的视角看，则是对晚辈做出人生选择的一种不信任。这种过度的关爱也可能成为学生成长路上的一种障碍。

（二）技术技能人才的心理矛盾

现代社会发展越来越重视技术和技能的配比问题。技术本身蕴含知识成分，有科学知识和技术知识。科学知识是指从实践和学习中形成的事物的规律进行描述的理性认识，是关于"是什么""为什么"的科学认知；技术知识是通过相关领域的过滤，通过实践和经验转化成指导实践、解决问题的方案，是关于"怎么做"的知识总结。

从心理学的立场出发，前者是陈述性知识，而后者是程序属性知识。大脑建立认知结构以用于对掌握和归类知识，知识在大脑中被存储、被提取。显然，知识的重要性决定了技能人才在实践中离不开大脑的运转。从心理学的角度来看，技能可以分为心智技能和操作技能。在职业教育领域，人们主观上对技能的理解倾向于肢体动作表现出来的操作技能，这一理解突出强调的是学生的动手和实践能力。但是，技术技能人才是一种知识兼备、技能兼备的应用型人才，通俗而言，就是既会动手又会动脑的复合型人才。

这其实是第一重矛盾，就是手和脑的矛盾：职业教育侧重手的教育还是脑的教育，还是对二者平均用力？根据《教育现代化2035行动纲要》和《教育事业发展"十四五"规划》，要求"十四五"（2021—2025）期间，"打造课堂教学与实践教学有机融合的'知行合一'思想理论课教学模式，建立一批校内外联动、专兼职指导教师结合的思政理论课实践教学基地。"因此，现实中的教育实践，中等职业教育要更加侧重技能培养，同时也不能忽视知识教育；在高等职业教育中，在重点培养学生技术操作的同时，也要通过实操来强化学生对技术知识的理解。这是整个职业教育大环境所应有的取向。

技能人才的培养是一个步步为营的进程，伴随技术和技能的提高，学生心理也在发生着变化。技术技能人才的心理成长大致有三个阶段。在初级阶段，技能人才主要关注生存问题，就业是该阶段的重要导向，掌握高技能水平优势，能帮助学生在该阶段取得一定的领先地位。在中级阶段，学生已经在实践中进一步提升了业务水平，谋求更加符合理想预期的岗位，进一步寻找更合适的职业空间。在高级阶段，技术技能人才关注到如何实现自我的方面，技术摆脱纯粹的工具属性，人才更加关注技术的积累与创新。技术技能人才的心理发展阶段划分，对现实的职业教育环境有着极为重要的作用。现代职业教育不仅要求关注学生如何通过职业教育学习成为技术人才，更要具备一定的前瞻性，为技术技能人才发展做好坚定的心理基础，这无疑是值得职业教育深入思考的课题。

二、现代职业教育技能人才培养的心理策略

对青少年进行职业教育，很大程度上是青少年心理成长的问题，帮助青少年打造积极的心理态度，能为青少年争取更多的生长空间。马克思主义认为，事物的发展是前进的上升的，道路是曲折的。我们坚信职业教育的发展的路线正确，克服路途困难，用"爱"化解教育过程中的"碍"，打造中国职业教育新格局。按照中央文件要求，职业教育需要坚持立德树人的根本，服务经济全面发展，坚持产教融合、校企合作，坚持工学结合、知行合一，深入思考现代职业教育新理念、新技术、新挑战，积极探索强化多样性技术技能人才的培养方法和实践模式，解决职业教育的突出矛盾和实际问题。从心理学积极视野来构建，主要包括以下基本策略。

（一）教育理念：服务技术技能人才的心理发展

育人为本是现代职业教育的核心理念。❶引领和促进学生的心理发展，是育人的应有之义。职业教育服务技术技能人才发展，就是通过教育培养，将人的现实活动和心理预期活动统一的过程，最终实现人的个人价值和社会价值。比起通识的大众教育，职业教育更需要把握学生心理健康发展的一般规律，因为职业教育从一开始就有很强烈的职业导向，这就是说职业教育本身就有一定的社会属性。只有充分尊重学生之间的个体差异，尊重学生的个性化需要，才能在长久的教育环节中，把握正确方向，培养合适的人才。职业教育工作者必须抓住个人心理成长的"关键期"，用恰当的教育方法促进技能人才心理的健康发展，而不是等待

---

❶ 崔景贵. 育人为本：我国职业教育创新变革的基本策略［J］.教育与职业，2007（30）:10–12.

学生心理成长的自然发生。要致力于创建人才心理发展的"最近发展区"，将教育目标定位在技术技能人才可能发展的程度，使职业教育能够走在心理发展的前面而不是被动适应学生的心理发展情况。另外，打造创新型人才是我国国家教育战略的一部分，职业教育更需要创新心理发展的技术，为技术技能人才不断提供人生出彩的机会。总之，职业教育院校争抢育人自觉性，把握针对性，体现时代性，富有创造性，引领技术技能人才向着更高的、理想的水平不断发展。

（二）培养目标：重视技术技能人才的心理资本

心理资本是个体在成长和发展过程中表现出来一种用于提高个体心理行为绩效的积极心理力量。良好的心理资本是技术技能人才自带的一种优势，市场经济模式下，行业竞争是常态，人际竞争也是正常现象。职业教育不仅需要给学生提供专业的知识和技能，也要为人才的心理发展积累资本。这就需要在职业教育过程中培养学生的信心，引导学生培养求真务实的心理，增强实干意识，提升动手能力。另外也要培养学生的乐观主义精神，保持心理平衡和积极面对困难与压力。最后也要鼓励学生多元发展，帮助学生做好职业规划，多途径发展自己的兴趣和特长；培养学生"天生我材必有用"的信念，学会在逆境中成长。

（三）课程教学：强化技术技能人才的心理建构

课程培养是技术技能人才重要的载体。人才培养目标体系的变革必定导致课程体系的变革。这与学生发展、院校专业设置、社会匹配度等结果息息相关，新课程改革的模式势在必行。尽管不同层次的人才需要大不相同，但是在课程开发过程中，重视学生学习过程中心理自主构建是一条基本原则。这是人的能动性所带来的客观要求，也是技术技能人才适应社会变化的内在需要。因此，职业技术院校不能把学生只当作知识输送的接受者和教育的灌输对象，职业教育院校更应该将学生视为教育的主体和中心，鼓励学生基于自己的生活实践总结经验，对技术技能学习和实践过程中涉及知识技能的部分积极引导，加强学生探索意识。这就要求职业教育院校不得不加强学生课后的课程实践，注重将学习情景和专业情景结合起来，将学习过程、职业体验过程、工作过程对应起来，强化学生在实践中的总结能力和思考能力；不仅要注重学生的"经验技术"，还要注重学生的"隐性知识"，重视学生自主学习过程中的学习合作机会，让学生在实践中进行思维和技术上的"碰撞",真正做到"学会学习"。

（四）成长通道：拓展技术技能人才的心理辅导

在技术技能人才成长过程中，心理问题往往是一项很重大的问题。积极有效的心理辅导就成为疏导人才成长通道必不可少的环节。新的职业教育形势下，开展技术技能人才心理辅导不能仅仅按照"心理问题的解决"这一单独思路来处理。要更新观念、开阔思路、创新方法，引领技术技能人才的心理发展。职业院校工作者不仅需要用积极的眼光来看待学生的心理问题，聆听和尊重学生之间的问题差异，关注突出学生的主体意识，关注学生个性，致力于打造适合学生的职业化培养路径，全面提升学生的心理素质。要从实践中、从职业体验中强化学生的问题意识，结合技术技能人才的专业实践、从实体到网络、从教师到全员参与，积极打造校园良好的氛围，提高心理辅导的实效性。

在职业教育中，培养人才是一个十分复杂、充满挑战的系统工程，需要全体员工积极参与。当前，职业教育院校必须树立起积极的、现代化的职业教育理念，建构积极职业教育价值取向，建设现代化的职业技术教育环境，不能将思路限制在对传统教育方式的纠错、修补上，倡导以积极的态度看待每个学生，培养学生以积极的态度看待未来，鼓励学生树立多元发展思想，努力使每个职业教育院校学生成长为和社会需要对称的高素质人才。

三、打造职业教育的积极个性教育

化解矛盾不是要消灭矛盾，哲学告诉我们矛盾不可能被消灭，更不是掩盖矛盾，而是采用积极的方式引导矛盾，甚至是将矛盾对方转变为自己的优势。只有突出学生的个性，尊重学生之间的差异化成长方式，才能把看似不可调和矛盾现象转化成学生的个性输出，培养学生的独特性。随着"00后"进入职业教育学校，学生个性化趋势更加明显，人们开始加大对"00后"职业教育特性的关注。"00后"的一些负面行为也进入大众视野，职业教育教师更需要促进和引导学生心理健康自主和谐发展，促使学生健康成长。

（一）现代职业教育视域中的职校生心理发展趋势

大众舆论对每个时代的年轻人都有着不同的取向，如今"90后"已经扛起国家建设的大旗。"00后"被认为是个性化的一代，有着独特的审美和行为标准。和"70后""80后""90后"职校生相比，"00后"职校生有着更加优良的校园硬件环境、更加成熟的师资配套体系、更加科学的课程设计标准、更加宽松的学习成长环境，这都是"00后"职校生的学习优势。

相比之前，"00后"职校生是更加乐于学习的一代。信息化社会使"00后"职校生在新技术应用、新技术敏感度上具备得天独厚的优势，比成年人有着更加积极的学习态度。"00后"思维活跃、乐于接受新事物、可塑性强，从学生的言语中便可感受到学生对未来的美好期望和对职业的美好心理预期。

"80后"有着务实的生活目标和职业取向；"90后"可以说是"过渡的一代"，既有上一代人的务实精神，也充斥着理想主义的内涵；"00后"的生活的特征更加明显，更注重教育和学习生活的质量，更加注意未来的目标，更加愿意经历缤纷、精彩、滚烫的人生。前几代人以取乐为口号的"走自己的路，让别人说去吧"的口头禅，在"00后"身上真正实现了。

"00后"是思想独立的一代。新一代职校生更加注重平等精神、不再迷信权威、敢于挑战世俗，不再注重人际交往中的"人情世故"。新一代职校生借助网络媒体能看到更宽阔的世界，拥有更强烈的全球化观念和环保意识。

"00后"是自信张扬的一代。新一代职校生中有着更多的独生子女，从小在优越、有爱的家庭氛围中长大，长辈格外注意子女的自信心培养。这也给了新一代职校生对未来的无限憧憬，甚至和现实会产生一定的偏差。前辈可能愿意"追星"，而新一代职校生更愿意相信自己就是"星"。但是，无论如何，这种从容自信和标新立异，对打破一些保守的传统思想，进而形成有生命力、创造力的民族文化是十分可贵的。

（二）引导新一代职校生心理发展的积极职业教育策略

新一代学生已经步入职业院校，这已经给当下的教育环境带来了新的变革，对职业教育工作人员提出了更高的专业化要求。教育本身没有标准答案，教育的过程也不是将标准答案印刻在学生大脑中的过程。一切探索教育都需要教职工"用心""用爱"实践、累积。建构科学的职业教育理念，走积极发展的路线，为职校生的终身发展奠基，是职校教师专业化发展的基本方略。

第一，坚持平等相待和积极思维意识，做人格和谐的教师。新一代学生本身就倡导平等，忽略社会等级化的分工。这并不是不尊重教师行为，而是一种更加平等的受教育态度。研究发现，学生对一名教师"口无遮拦""小打小闹"反而是学生喜爱、接受甚至是取悦这位教师的表现，而不是惧怕、敬畏这位教师。作为职校教师，尤其是管理层教师要更加善于思考，更加了解新一代职校生的思维。"00后"格外注重平等意识，教师教育要使用更加平等的教学语言，不能用执行者的方式进行教育。偏激的教育方案只会让学生更加叛逆，甚至是对抗式理解教师管理规定。调查显示，新一代职校生更喜爱多才多艺、风趣幽默、富有个性、知识丰富、兴趣广泛、热情时尚、人格健全的教师。学生称为"麻辣"型教师，其实际就是具备了部分新一代职校生思维特征的教师。职校教师与职校生平等相处，才能建立对话型、和谐融洽的师生关系。

第二，坚持理解宽容，做阳光精神的教师。面对新一代职校生这个特殊的群体，职业教育教师不仅要充分认识学生，更要以宽容心态接受学生多样化的个性，相信学生会逐步走向成熟。新一代职校生心思敏感、愿意表达，教师更应该成为学生心理的倾听者，化解学生心理问题，引导学生积极面对生活和关注自身健康。或许职校生在文科课程学习上缺乏正确的方法、容易出现学习疲惫的情况，但是教师一定要发现学生身上的闪光点，对于学生烦的问题，要承认这是成长过程中所经历的正常现象。职业教育教师要重视当前年轻人的心理状态，理解青少年心理冲突和心理障碍，尊重青少年的心理需要。特别是针对集体性、突出性的问题，更需要给予充分的人文关怀和必要的心理疏导。职业教师更需要完善自我心理健康，完善现代人格特征，运用积极的心理武装自己，善于扮演强大的"导师"角色，成为职校生心中的"尤为重要的人"，不仅要用科学的方法管理人，更要用独特的人格魅力吸引人，用自身的人格光辉促进职校生的自主和谐发展。

第三，坚持育人至上、积极引导，做因材施教的"双师型"教师。教师教育必须坚持以人为本、多元发展，贴近职业教育教学实际、贴近职业教育学校的实际生活、贴近新一代职校生的特点。职业教育的管理方式应当符合学生的个性和情感需要，坚持道德教育和知识教育相结合的模式，建立健全心理危机干预机制。更重要的是，职业教师管理应该加强优化心理素质教育，寻找、挖掘新一代职校生的积极品质，并在实践中对这些品质进行扩展、引导和培育。简而言之：就是要坚定实施积极心理教育。职业教育教师应该看到，甚至是主动寻找学生蕴藏的心理潜能，尊重个体差异，提高学生执行力和动手实践能力，高举多元智能理论和行动导向教学范式的职业教育旗帜。职业教育教师需要走"双师型""复合型"的专业化发展道路，成为教育学生和管理学生的"双能型"教师，努力实现职业教育培养目标的根本转变：从片面转向全面。

第四，坚持教学相长，积极反思，做富有智慧的专家型教师。教学相长是所有教育的科学原则。面对新一代职校生，职业教育教师尤其是年长教师，更应该保持学习的心态做教育，做到和学生同时成长进步。职业教育学生与普通教育学生必定有学习上的差异，职业教育教师需要正视差异，用更多的爱心、诚心、恒心来感染学生。职业教育教师更要熟悉网络语言、精通网络新媒体使用的技术；在教育管理上，主张对话式教育管理，疏导清理，引导自理。同时，要积极建构一体化的家校教育合力，科学指导学生家长"与其多一分溺爱，不如多一分教育""与其多一分苛责，不如多一分鼓励"。职校教师要积极把握"00后"职校生心理发展的新特点和新走向，分清主流与非主流，本质与非本质，既关心爱护又不护短，既支持鼓励又不盲目吹捧，既信任放心又不放任自流，既理解宽容又不姑息迁就，有针对性、有特色地做好引导、培养"00后"职校生的职业教育管理工作。

总而言之，职业教育教师要以积极心理学和人本主义心理学为指导，树立科学的教育意识，全面助推职业教育发展，主动探索适合本校的职业教育管理方式，为新一代职校生的心理健康引领航程，帮助破解职校生职业发展的障碍，携手新一代职校生共同成长。

第二节　蜕变期：媒介素养和自我教育

现代社会中，网络新媒体已经成为人们生活的一部分。随着移动终端的不断普及，以微信、QQ、微博、抖音短视频等为代表的新媒体平台已经成为大众生活不可或缺的一部分。青少年更是网络媒体使用的主力军，出于对新事物的喜爱，青少年的媒介素养对青少年的价值观塑造影响极深。网络不仅是青少年认知世界的一个工具，更是青少年自我教育的一个台阶。

一、青少年的媒介素养

传播媒介是连接传播者和受传者的中介物，也是传播媒体的总称，包括网络、电视、书刊等。素养一词可以理解为"平日的修养"。❶从整合的视角出发，我们还需要将学校教育和学生特点考虑其中，结合国内外观点，可以将媒介素养理解为旨在培养学生对媒介本质、常用技巧手段以及这些技巧手段所产生的效应认知力和判断力。更进一步讲，媒介教育也是一种教育，宗旨是加强学生理解和欣赏媒体作品的能力，使学生了解媒介如何传输信息、媒介自身如何运作、媒介如何构建现实以及要求学生具有创作媒介作品的能力。

（一）网络媒介对青少年的影响

1.积极影响

大众传播将人类带入一个更加平等的社会，无论是乡村还是城市，信息的传播都可以站在平等的起点，信息传播的时空限制被打破。

世界变成一个整体，传播学者麦克卢汉称为"地球村"。世界各地的民众能对同一事件进行关注，加快了人类文明的民间对话和平台构建。有研究认为，大众媒介向青少年传播的知识性信息，能够弥补学校正向教育的空白，媒介信息成为青少年了解世界的便捷渠道。同时也给青少年提供了丰富的娱乐放松手段，填补了精神世界的空白。大众媒介尤其是手机媒介的普及，加速了现代文化和传统文化的融合，推动了社会发展和进步，产生诸多积极影响。新媒体本身就是现代文明技术的产物，其不仅是一种交流工具，更是一种新兴的文化。

大众传播快速融入大众社会，填补青少年精神世界的空白，拓宽青少年人际交往的网格。青少年通过新媒体平台进行娱乐交友这一行为已经不再是"时尚行为"，而是一种"正常现象"。以往通过电视机来了解世界的方式已经成为过去，"开着电视玩手机"成为年轻人的真实写照。大众传媒不仅改变了青少年娱乐休憩方式，也提高了青少年人际沟通的频率和效率，使人们沟通更加方便，而各类信息的传播也对青少年产生了多重影响，引导青少年的学习和生活向着现代化甚至是未来化转变。娱乐和沟通是青少年媒介接触的两大目的，受多种因素影响，青少年的精神文化常常难以主动满足，大众传播媒介的娱乐和社交功能作用突出。大众传播媒介提供的多种功能，能使整个青少年成长环境保持充分的活力。

---

❶ 中国社会科学院语言研究所词典编辑室.现代汉语词典［M］.7版.北京：商务印书馆，2016.

2.消极影响

多元媒介文化冲击对学生价值观产生了影响，丰富的互联网媒介信息弱化了传统价值观的影响力。新媒体的高速发展促进了价值观的多元化，这种多元化对学生的现实生活也产生了巨大影响。

大众媒介将现代社会的进取、发展、流动等现代观念融入用户的价值观中，青少年作为网络的主力军，必不可少地会被网络信息所影响。网络媒体在发散和开阔青少年的视野的同时，也对青少年的传统观念造成了冲击。传统观念可能源于家庭教育、学校教育、社会环境的影响，但是互联网将新的观念带入学生的视野和头脑中。随着市场经济的深入发展，现代人的商品意识和市场竞争意识日益加强，职校生更是应该具备这两种素质和意识。人们的价值观念之所以会转变，正是受到了媒介信息的影响，大众媒体传播了多元化的信息，不同的价值观附着在不同的社会信息上，借助算法等技术优势在占据上风的渠道进行优势传播。人们的价值观随着媒介的激励由单一本位向着复杂化发展。青少年本身喜好新鲜事物，加上职校生也需要拿出一定的时间从互联网上获取更多、更新的信息，这对职业教育和职校生都产生了许多影响。

大众媒介使人们的生活方式多样化，同时也产生了负面影响。消费方式在大众媒介的影响下有了较大改变，直播带货成为当下备受青年人喜爱的购物方式之一，但是畸形消费现象也十分突出，盲目网购、攀比消费也在青少年群体之中流传。

3.媒介依赖症

"媒介依赖症"最早由美国学者德弗勒于1976年提出，该理论认为，一个人越是依赖媒介所提供的服务，媒介在该个体生活中的比重就会越高，对该行为个体的影响也会越大。当时该理论主要谈论的是报刊、电视、广播等传统媒体的影响。当下社会中，媒介形态更加复杂，青少年患有"媒介依赖症"已经不足为奇，媒介依赖症主要表现为人们对媒介的依赖；不能长期远离媒介，不自觉且漫无目的地使用媒介；做出的价值判断必须通过媒介来获取判断原因等，这给青少年身心甚至是生理健康都带来极大影响。

网络媒介的传播优势是以往媒介不能比拟的，随着VR、AR等技术的运用，单从生理感官上就能带给用户无与伦比的虚幻体验。这种感官上的刺激，对青少年有着强烈的诱惑力，加上丰富的内容输出，青少年对媒介往往是难以抵抗的。互联网本身就将传统媒介的优势进行了整合，综合运用多种技术，并且将信息延伸到任何一个角落。移动上网设备在新媒体环境中更胜一筹。

对媒介的严重依赖势必造成媒介和人的异化。异化主要指主客易位或颠倒，主体在一定的发展阶段分裂出对立面，变成外在或者异己的力量。严重的媒介依赖容易使媒介异化成为压抑人的主体。现实生活中的青少年很多沉迷互联网，他们对媒介的过分依赖而带来的媒介与人的异化也是一种非理性现象。青少年不能理性、节制、科学地使用媒介，将大量时间用于网上娱乐和信息交互，忽视现实中的人际交流，自己的价值选择必须从媒介中寻找依据，沉浸在媒介提供的喜怒哀乐中，对现实事件反而感到冷漠，满足于媒介中的虚拟社会互动而回避与现实社会互动，甚至出现孤独、自闭的心理特点。手机的出现加重了这种现象，"手机控""低头族"大量出现，且以青少年为多，总把手机带在伸手即可触摸的位置，否则就会心烦意乱；不自觉地浏览手机，甚至是漫无目的地浏览；总有"手机有通知"的错觉，甚至经常把别人的手机铃声误认为是自己的；当手机无法连接网络时，心情会跟着烦躁。"网瘾少年"属于媒介依赖严重的群体。

媒介发展到今天，内容信息已经到了供过于求的阶段。青少年接触媒介的目的多种多样，每个原因都会加重青少年对媒介的依赖，并在最终产生了"媒介依赖症"。这种症状是伴随着媒介发展而出现的，并不是当下新出现的问题，只不过是在新技术的加持下，症状变得更加明显，对青少年现实生活的影响也更加突出，媒介依赖的过程可以说是一部媒介发展史。身处现代化传媒的今天，职业教育更要加强职校生的媒介素养和理性思考，引导职校生合理使用媒介，努力防范"媒介依赖症"的蔓延，尽可能削减媒介对职校生生活的消极影响。

（二）职校生媒介素养教育

媒介素养教育起源于西方发达国家，这和西方媒介发展起步早有关。进入21世纪，中国的新媒体如雨后春笋般蓬勃发展，越来越多的学者开始呼吁加强青少年媒介素养教育。我国学者张开认为，媒介素养教育旨在培养大众获取媒介信息、独立判断信息价值的知识结构，培养大众有效利用媒体的能力。

1.媒介素养教育的内容

首先就要认清媒介素养教育的基本理念。目前，结合国内外的研究成果，媒介素养教育大致包括以下五方面：媒介代理人教育、媒介类别教育、媒介语言教育、媒介受众教育、媒介再现教育。教育理念直接影响着教育内容，其中最重要的目的有两项：一是培养学生分辨虚拟和现实的能力、区分个体和世界的能力，这需要学生正确认识自我价值和媒介价值，避免被媒介信息误导；二是培养学生的"公民意识"，引导学生正确在网络上行使公民权利。结合职校生的媒介教育理念，可以将职校生的媒介素养教育的主要内容概括为三点：一是培育职校生基本的媒介知识，包括媒介性质、运行规律、算法逻辑、媒介生态等；二是帮助学生认识媒介的权利和责任，认清媒介生态环境和社会环境的辩证关系；三是引导学生理性、独立甄别媒介信息，充分利用媒介信息补充自我知识空缺。

2.媒介素养教育的目标

学生的媒介素养教育不是一种单一的素养，而是一个综合性的概念。这包括了三个方面的内容：一是职校生对媒介和媒介信息等概念解析；二是职校生对媒介信息判断和运用能力；三是职校生在新媒体时代用法律手段维护自身权益、用道德标准约束自身行为的能力。这三方面集中了职校生应当具备的职业素养，是现代社会发展的要求。因此，加强职校生的媒介素养也应当从以上方面进行定位，进而开展有价值的媒介素养教育，从而使学生在新时代从容面对媒介信息。

（1）加强学生对媒介信息的理解能力。在科学技术迅速发展的年代，媒体技术和媒体形态也在不断发生变化。媒介不断向职校生提供海量信息，这给职校生在虚拟环境下建立与他人沟通、交流的平台。长时间的沉迷网络，会导致缺乏判断是非的能力，混淆现实和虚拟之间的关系。这就需要职业院校提供完备的媒介素养教育，进而实现知识教育、能力教育和人格教育的统一。因此，一方面，职业院校需要承担帮助职校生认识当下媒介和媒介信息等基础概念，分别媒介的功能新差异；另一方面，学生在面对媒介或媒介平台周期性更新的时候一般会有一定的盲目性，这可能对学生的媒介接触产生影响。职业院校要积极发挥自己的载体作用，重视学生媒介使用的流程，避免学生在上网过程中进入误区。这不仅能引导职校生更高效地使用媒介，将所学知识能正确运用于实践，还能帮助职校生形成理性的认知。总之，作为职校生媒介素养教育的主阵地，职业院校在培养学生媒介素养方面起到不可替代的作用。

（2）提高学生对媒体信息的判断力。新媒体时代，学生的思想容易受到互联网信息的影响。学生自身也有着强烈的好奇心和猎奇心理，这都让学生面对海量信息时难以做出准确的判断，从而在媒介使用的过程中陷入误区。新媒体平台赋予每个人发言的权利，但是短平快的传播模式使得信息具有很强的片面性。个性化推荐机制又将学生的视野禁锢在固定的认知空间中，形成"信息茧房"。职业院校更应该注意避免这种事件的发生，帮助学生开拓媒介视野，避免陷入认知困境。作为受教育群体，职校生本身就被社会关注，其媒介素养失衡势必会影响其他群体。因而，职校生只有对媒介信息做出了正确的价值判断，进而对媒介信息进行必要的筛选，从而使媒介信息在实践中得到引导和理性运用。

（3）增强学生运用道德手段和法律手段维护个人利益的能力。接受职业教育的学生本身属于特殊群体，掌握着专门领域的知识和职业技能。学生存在直接对社会发展带来一定影响，因此，学生发展和群体保护越来越受到社会的关注。尤其是在科技发展的时代，学生面对海量的产品和信息表现出的盲目性，更是被社会关心。这就需要学生有着明辨是非的能力，自觉抵制不良信息和虚假信息。这就需要职校学生善于运用法律的武器对不良行为进行监督和抵制，当学生权益受到侵犯时，也要积极进行自我保护。职业院校更需要在学校教育中引入权益保护相关知识，做出有针对性的媒介素养教育，让学生能在互联网中明辨是非，避免被不良信息侵犯。继而，有助于在新媒体时代增强学生运用法律手段维护自身权益的能力，从而保证教育系统的和谐和稳定，保证互联网环境的长治久安。

3.媒介素养教育的原则

媒介素养教育在国内的起步时间晚于国外，时至今日，学生的媒介素养教育也存在参差不齐的现象。面对这种现状，提高学生的媒介素养教育就必须让教育有针对性，坚持正面性教育。

（1）针对性原则。教育本身就是一个对象性的实践活动，对象的性质、属性成为横向教育的基准点，而不是随机、自发性行为。但是，我们不得不承认这样一个事实，"媒介素养教育"本身就是一个舶来品，国内的媒介素养教育起步晚、发展不均衡。这就导致了不同区域、学科对教育有着很大的差异化理解，在全国范围内实现同等水平的媒介素养教育任重道远。和职业教育一样，媒介素养教育有着很强的综合性要求，不是简单的知识传授过程，更多是素养提升和实践能力的提升。教育者只有根据教育对象的职业专业、年龄分段等属性进行很好的教育探讨，才能对被教育者做好层次分类，有针对性设置媒介素养教育的课程，从而实现职业教育的针对性。针对性原则在职业教育媒介素养教育中起着至关重要的作用。

（2）互动性原则。教育是一个实践性的行为，教育者和受教育者构成了教育环节的两大部分。在教育过程中，教育者和被教育者不再是单向关系，而是一种互动关系。尤其是媒介素养教育，保持教授双方的互动性尤为重要，因为网络素养教育不仅是纯知识性教育，更是一门实践性教育。一方面，媒介素养教育者一定要扮演好主导角色，提供教育所需要的硬件支撑和师资支撑；另一方面，教育者要主动接受来自学生的反馈工作，在教育中融入互联网的平等精神，尊重被教育者。因此，在媒介素养教育中，教育对象可以发挥能动性，主动发表意见，而教育者也应该鼓励交流，进而实现双向教育。在媒介素养教育过程中，互动性原则占据着不可替代的位置。

（3）系统性教育。科技的力量已经运用到各个领域，人的生活环境无时无刻不被科技所影响。同样，职校生的生活也不例外。在新媒体时代，信息的成分和来源也更加复杂，职校生在面对这种情况时，不能显得手足无措。换言之，职校生的媒介素养教育不是专业化的教育类别，而是系统化的教育综合。这需要结合职校生本身的专业特点来进行区分，一方面需要大幅提升职校生本专业所涉及的媒介以及媒介信息等专业知识，另一方面需要加强对学生本专业涉及的媒介知识的理解，并且能够运用到自身的学习实践中去。教育者也应该在媒介素养教育过程中穿插一些相关知识，帮助教育者完成系统化教育。不仅在知识、技能、人格中实现系统化，还囊括了知识素养教育、能力素养教育和人格素养教育，这是一个综合性、系统性的教育。

（4）创造性原则。教育不仅是一种知识传授的实践活动，同样是一种创造性活动。媒介素养教育也具有创造性，创造性是其他原则属性的一种升华。媒介素养是人综合素养的一个方面，是在培养尊重教育对象的属性上进行的。职校生是一个特殊群体，受到很多条件的限制，在媒介素养教育实施的过程中，教育者自然需要用创造性思维对待教育对象。每个学生都是一个有思想的个体，有自己的内心世界和心路历程，教育者更需要用创造性的思维打开学生心扉。媒介素养是一种随着科技发展而变化的素养，具有很强的社会历史性。因此，媒介素养教育者必须紧跟时代变化，创造性地加强对职校生的媒介素养教育。创造性是一种升华和超越，是对教育者和被教育者更高层次的要求，媒介素养是一种基本素养，随着新时代的到来更加受到重视。然而，这种素养不是千篇一律地教学设计，而是创造性地思维开发。

二、青少年的自我教育

自我教育机制是自我意识萌芽的表现，网络环境的不断发展、青少年对网络的依赖，无不促进着青少年自我教育的演化。自我教育是社会化的表现，和学生个人特质有着很强的关联。

（一）自我教育机制的特征

1.时空隐匿性

时空隐匿性是指自我教育对教育环境有着很强的适应性，同时也能以隐匿的方式进行，甚至包括教育主体在内都没有察觉到被教育。开放式的互联网给青少年提供了良好的自我教育的环境，使得青少年自我教育能够循序渐进地开展，网络环境成为青少年自我教育的潜在支撑因素。这一特点使得自我教育相对于其他教育更占据优势。学生在上网获取信息中，对网络信息进行的反思和总结，无形中化为内在知识的一部分，促进学生认知的提高和发展，由此也看出，适当的媒介素养教育尤为重要。自我教育既可以在无形中进行，也可以随时随地进行，因为自我教育中教育者与教育对象是物质统一、精神统一的，教育者与教育对象存在于统一时空中，不仅完全掌握主体信息，也能随时干预对象行为。

2.自主自为性

自主自为性是自我教育最基本的特征。在自我教育过程中，整个教育过程从发起到实现，主体都发挥着强烈的导向性。自主自为就是在主体基础上形成的，没有主体的存在，自我教育也就不复存在。自我教育有着不同于学校教育的尺度和准则，具有反观和自省能力。这也是为什么职业教育要培养学生的独立意识，只有当个体具备充分的独立意识，自我教育才有存在和发展的根基，独立个体才能自觉进行实践活动。一切外在因素都只能算是幻境支撑，只能对个体行为产生一定影响，不能直接指使个体进行任何行动，更不能强制让个体接受某种理论观念。

3.相对封闭性

相对封闭性是指在自我教育的过程中，自我教育的主体和客体统一于一身，独立个体范围内可以构成矛盾关系，无需外在力量过多介入。同时，这种封闭是相对而言的，在社会环境中，没有绝对独立的个体，人都是在与环境的交互中成长。青少年更需要从网络、人际之中获取知识，完全独立于环境的自我教育会陷入主观臆断的误区，进而迷失人生方向。

自我教育的封闭性，从根本上说是人类意识决定的。职校生更应该注重自我教育，学校的教育未必能完全同步社会和市场的变化，自我教育是对学校教育的补充。同时，自我教育也是对学校教育的反思和升华。自我教育的系统相对封闭性对自我教育的实施有着重要影响。一方面，封闭的系统使个体能够尽可能摆脱外在因素的影响，独立自主地选择教育提升内容，给予了个体巨大的教育空间，为主体性彰显提供了空间。另一方面，封闭的相对性要求自我教育必须始终观察环境变化和外部信息以及教育者的指导，不能主观臆断。

4.直接性

教育模式大多都是中介性质的，自我教育却是直接性的。外来思想往往停留于共性化，而自我教育则是个性化教育。个体即是教育主体，能更好地制定个人标准。有目的、有计划、有针对性地开展自我提升任务。直接性的意义在于，教育主体无须借助外力便可以直接认识教育客体，可以忽略中间因素的影响。这种直接性能带来巨大的真实性，直接性也建立在自我体验的真实性之上。自我教育的个体自主进行教育活动，自己的实践经历和体验成为调动个人情绪的直接依托，自己的切身实践提供了最好的教育材料。自我教育直接性增强了教育的针对性，调动了情感，提高了教育效果。事实证明，自我教育个体能认识真实的自我，并且越能认知自我便越能增强教育的针对性。任何个体关注自我发展都是多于关注他人发展，作为一般的教育者也是如此。常规教育中教育者对教育对象的关注也是以自我为跳板的，自我教育中对受教育者关注是主客体的高度统一，这从主观动机上能更好地帮助职校生成长。

（二）自我教育的现代心理学原理

现代心理学认为，个性是人的心理特征和品质的总称。遗传为个性的形成和发展提供了前提和发展的可能性，但遗传并不起决定作用，虽然人的心理素质对个性形成和发展有一定的影响，但个性品质的形成主要是在后天的社会实践中，经过长期的塑造而逐步形成和发展起来的。因为人是有能动性的，其接受外界的影响是积极和主动的，人在改造外部世界的同时也在改造自己的主观世界，改变着人的个性。可以说，个性是在社会关系的活动交往中逐步磨炼而形成的。著名心理学家弗洛姆认为：个人人格的实现和自我意识的形成即社会化的结果，社会化是诱导社会的成员去做那些要使社会正常延续就必须做的事。瑞士心理学家皮亚杰认为：人自身具有一种认知结构，个体在认知活动中有两种功能：同化功能和顺应功能。同化是个体运用既有认知结构处理所面对的问题，将新的事物纳入现有的认知结构，也就是既有知识的类推运用；顺应则是在现有认知结构不断同化新知识时，个体为了适应环境的要求，主动修改其原有的结构从而达到目的的一种心路历程。同化实质上就是把接收到的一切信息内化为自己的东西，形成一种认知和情感；顺应实质上是主动调整自身与社会相协调一致即社会化的过程。个体不但知识因其与环境中事物之间的相互作用而增加，且智力也随着其生活经验的扩大而增长。个体社会的过程其中一个重要的方面是个体对社会关系系统的积极再现过程。现代心理学的个体社会化发展理论为自我教育提供了重要的理论支撑。

三、新媒体语境下职校生自我教育的实现路径

（一）培养学生的自我教育意识

自我教育产生于主体自我意识之上，是个体自我意识觉醒、主观能动性发挥的结果。"主体意识就是能调动主体能动性，激励主体积极付出行动的心理机制。"❶这就要求教职工在进行教育的同时尊重学生的主体地位，将学生视为独立个体，引导学生在学习和生活中做自己的主人，主宰自我。从而激发学生的内在需求，充分发挥学生的主观能动性。这就需要教育者培养学生的自觉意识。尊重学生的主体性人格，采用平等方式与学生交流，唤醒学生自觉意识。首先就要让学生意识到个人就是一个学习主体，具备充分的学习环境和学习能力，从而培养学生对自我教育的信心和分析、批判能力。

（二）基于新媒体的自我教育能力提升

自我认识是学生实现自我教育的前提，正确地认识自己才能正确地教育自己。在职校生自我教育过程中，教育则需要善于利用新媒体手段和平台，引导学生反思自我，引导学生思考关于"人的本质和人生目的"的哲学思考。督促学生使用新媒体观察社会热点事件，构建自我，形成独立、自主、完善的人格。

自我要求是职校生自我教育的关键环节，包括目标确定和自我调控两个方

---

❶ 吴小林.网络环境背景下职校学生道德自我教育探析［J］.南华大学学报（社会科学版），2011，12（3）:71.

面。首先，教育主体要先能够全面、客观地认识自己，对比理想和现实中的差距问题，确立适应自己得到的目标并且不断完善自己的新目标。新媒体是开放的平台，这有助于职校生从互联网上获取教育资源，也有助于职校生接触更多具体教育案例，在此过程中逐渐清晰自我目标。其次，教育者也要引导学生积极投入实践中，根据自我确定的目标来指导实践，进而指导自己的教育行为。新媒体提供了广阔的空间，也可以在平等开放的人际活动中交流思想，潜移默化中促进自我完善，还可以促使青少年积极参加到网络评议中去。这种评议有两种，一种是对外在事物的评议，另一种是自我评议。良好的自我教育离不开自我评议，自我评议是改进自我教育的方法。教育者更需要引导学生积极进行自我评价，引导学生对照自我目标，采取各种方式进行自我评价。

（三）外部环境营造

职校生的生活环境大概分为三部分：校园环境、网络环境、社会现实环境。职业院校能影响到的环境空间主要集中在前两者，整个社会现实环境的构建是多方合力的结果；校园环境的构建需要职业院校在教学设备等硬件设施和教学设计等软件设施上下功夫。在课程设计上，引导学生自我反思。

网络平台的建设一直是院校忽视的内容，但是对学生的自我教育起到至关重要的作用。校园环境的建设大多是稳定可控的，但是网络环境千变万化。一方面，职业院校应该积极构建健康的校园网络环境，积极挖掘校园网络在促进学生自我教育方面的积极意义。另一方面，做好校园网络文明和法治教育，提高学生对网上信息的甄别能力。可以借鉴国内先进高校的网络建设，主推校园综合性门户网站建设，发挥学校在引导学生自我教育方面的导向作用。学校不仅要进行知识技能教育，还要进行道德教育，充分发挥道德教育对自我教育的引领作用，让道德教育促进自我教育。学校教育中的道德教育主要以思政教育为主，没有思政教育做方向上的引导，自我教育的方向就会有偏离，效果也无法保证。这就需要思政教师严格按照大纲课程标准安排教学活动，弘扬正能量。思政教师也必须顺应时代发展，学习新媒体相关技术技能，提高新媒体运用能力，采取多种渠道，在和学生平等交流的基础上建立和谐的师生关系，促进彼此发展。

第三节　成熟期：青少年的财富观和职业观

"人们奋斗所争取的一切，都同他们的利益有关。"[1]首先，财富观指导学生更加科学地看待财富，培养学生的财富意识，获取财富的意义在于生活幸福，洞悉财富背后的人生价值，更好地体验生活。其次，财富的获取要遵循"取之有道"的原则理念，保护私有财富不受他人侵害，最后共同致富。职业教育是社会发展的重要推动力量，培养职校生树立正确的财富观能帮助学生正确地认识财富、看待财富，合法获取财富，尊重自我劳动和避免违法获取财富的行为，促进社会稳定。在职业教育中，财富观是指导学生更好地看待财富的价值观念，主要包括看待财富内涵和作用两个方面。

一、青少年的财富观和财富观教育

（一）财富观的基本内容

对财富内涵的客观理性认识是财富观的基础，只有让学生对财富的内涵有科学的认知，才能培养学生正确的财富观。财富包括私人财富和公共财富、物质财富和精神财富、劳动产品和自然资源。

首先，财富是个很宽泛的概念，既包括私人财富，也包括公共财富。公共财富是指集体财富，一般由国家出资、集体出资进行建设。私人财富和公共财富是相互依赖的关系，私人财富依赖于公共财富的保障，而公共财富则依赖于每个公民的个人财富积累所带来的税款、消费支出等。

其次，财富包括物质财富和精神财富。物质财富是社会拥有的一切物质资料总和，任何社会财富都以物质生产为基础。劳动者需要物质财富的积累才能生存下去，物质财富也能给劳动产品提供必不可少的原材料。精神财富是人类精神产

---

[1] 弗里德里希·恩格斯，卡尔·马克思.马克思恩格斯选集第1卷［M］.中共中央编译局，译.北京：人民出版社，1995:32.

品的总和。随着社会经济的发展，"仓廪实而知礼节"，精神财富越来越重要。精神财富能丰富人的精神世界，端正人的生活态度，提高生活质量。此外，精神财富能转化成物质财富，顽强的精神能推动科技升级，促进生产力发展。

最后，财富不仅包括劳动产品，还包括自然资源。在全球生态问题日益突出的今天，保护自然资源已经到了刻不容缓的地步。劳动产品是可以直接用金钱来衡量的，所以更容易受到人们的关注，而自然资源无法直观地给生产者带来利益效益。同劳动产品相比，自然资源是更基础的财富，没有自然资源的长期稳定供给，劳动产品无法生产出来，开发可循环、清洁的自然资源，才能保证劳动产品的稳定生产。只有意识到自然资源的重要性，才能引导学生树立"绿色财富观"，更好地建立资源节约型、环境友好型社会。

（二）财富观教育的意义

随着国家对职业教育重视程度的加深，职校生的价值观问题也越显重要。引导职校生正确看待财富，避免因为盲目追求财富而导致利益纠纷甚至是违法犯罪，促进社会和谐稳定；引导学生合理获取财富，同时合理支配财富，对帮助学生实现全面发展有着重大意义。

首先，科学财富观对财富的认识是全面的。财富不仅是劳动生产的产品，还包括一定的自然资源。劳动产品能满足日常需要，自然资源是人类赖以生存的基础。保护自然资源，就是保护我们的财富，所以更要建立资源节约型社会，环境友好型社会。

其次，科学财富观更加关注对财富的创造作用。鼓励职校生发挥聪明才智、发明创造，推动生产效率的进步和科学技术的进步。科技是第一生产力，科学技术的发展有利于经济发展方式的提升，过去的经济发展主要依赖劳动力、资本和自然资源投入，未来的发展必定是科技力量的推动，是可持续发展。

最后，科学财富观倡导绿色消费。鼓励人们在日常消费中选购"绿色产品"，循环利用资源，加大可再生资源的开发，做好垃圾回收工作。坚持从自我做起，从点滴做起。

（三）财富观吻合职业教育学校的培养目标

2019年2月，中共中央、国务院印发了《中国教育现代化2035》，从战略背景、总体思路、战略任务、实施路径以及保障措施五个方面，对未来我国教育现代化发展做出了宏观指导。职业教育作为我国主要的教育类型之一，也应当增强责任感和使命感，面向 2035 年积极推进现代化建设。2019 年 1 月 24 日，国务院印发了《国家职业教育改革实施方案》，提出了 20 条职业教育改革的具体举措，并且明确强调"职业教育与普通教育是两种不同教育类型，具有同等重要地位"。职业教育要求学生在德、智、体、美、劳等方面全面发展，财富观教育有利于加强职校生道德教育，提高学生素质，吻合学校培养目标。

财富观教育是德育教育重要组成部分，加强财富观教育有利于实现职业院校的德育目标。首先，财富观强调培养学生的财富品质，要求职校生在未来的生产工作中，诚实生产、遵守社会法律秩序，培养高贵的职业素养。职业素养是指职业劳动者在从业过程中表现出来的综合素质，内涵十分丰富。职业素养包括三种素养：公共职业素养、行业职业素养、岗位职业素养。职业素养是可以后天培养的，职业教育院校有义务培养学生的职业素养。

职业院校加强对学生的财富观教育有利于提高学生的公共职业素养。公共职业素养是指从事任何职业都要具备的基础性职业素养，如责任意识、法律意识和进取心等。首先，在职业选择过程中，正确的财富观能指导学生明确职业选择的目标和方向。这会使学生的就业择业更加理性和慎重，在择业过程中更加考虑自身实际情况，做出合乎自身职业水平的决定，学生在职业劳动过程中也会更加有热情。其次，在工作过程中，劳动者的劳动过程就是财富创造的过程，正确的财富观鼓励积极劳动，明确劳动是财富的源泉，让学生树立"劳动致富，劳动一定能致富"的观念，通过劳动来创造价值和实现自我价值。最后，在处理劳动报酬时，正确的财富观有利于学生形成合理的消费观，合理分配劳动所得，进一步提高自己的职业水平和职业素质。

（四）职业院校学生财富观的培养路径

财富观培育是一个庞大的工程，只有通过社会、学校、家庭等多方合力的推动才能达到最优效果。学校是职校生财富观培育的"主阵地"，职校财富观教育的效果对学生成长就业十分重要；家庭是成长的摇篮，每个人的成长和价值观念不可避免地有着家庭环境的烙印；社会环境是生活环境，学生的价值观会受到社会环境潜移默化地影响。教育只有通过教育者积极主动地内在活动才能发挥作用。财富观最大效力的发挥，离不开职校教师的努力和学生的自我教育。其中，后者占据主要地位。

德育工作是财富观的重要依托，其他课程也需要渗透财富观教育。德育课程具有系统性、针对性的特点，能够和学生财富观教育完美契合。

首先，正确的财富观教育必须开设专门的财富观教育模块，提高课堂教育的效率。模块教育是针对性地教育，有助于让学生先意识到财富的重要性，更加系统地学习财富相关知识。模块化的过程也是任务分解的过程，先帮助学生树立正确的财富目标，再采用灵活的教学方法将财富知识传递给学生，激发学生学习积极性。研究发现，案例分析更能让学生产生兴趣。以学生感兴趣的案例为切入点，通过对具体案例进行分析和论证，引导学生更加深刻领悟知识点。财富教育知识点本身就很抽象，案例分析能将课本理论具象化，也能培养学生分析问题、解决问题的能力，促进学生独立，使学生获得解决问题的能力。

其次，校园实践活动的组织要有"社会氛围"，使校园活动看着像"社会活动"，毕竟财富观的价值发挥在学生走向社会之后。职业院校本身就有丰富的社会资源，要善加利用，吸引学生参与。组织实践活动，利用实践活动培养学生的财富观。为此，实践活动要新颖、有趣，不断创新。

最后，要让职校生自己意识到实践活动价值，自觉参加实践活动。部分学生参与实践活动时，没有提高自我意识，没有正规活动价值，在参加趣味性较强的活动时以玩乐的心态参与，进而错失了一些成长机会。对此，在整个教育过程中，对积极参与活动的学生适当进行奖励和表扬，加强优秀学生的示范作用，引导学生认识到活动参与的重要意义。

（五）职业教育学校学生财富观培养的原则

1.坚持马克思主义财富观为主导原则

坚持马克思主义财富观为主导原则是指职业技术院校在财富观教育过程中遵循马克思主义关于财富的基本观念，结合学生的特点和实践经验，使学生理解并认同马克思主义的立场，树立科学的、符合社会主义性质的财富观。

坚持劳动是财富的源泉的劳动财富观。马克思将劳动分为抽象劳动和具体劳动，抽象劳动创造价值，具体劳动创造使用价值。培养职校生的劳动价值观，需要让职校生明白劳动的价值和意义，劳动不仅是获取财富的手段，更是推动人类社会进步的重要源泉。这就需要鼓励学生积极劳动，通过合法的手段创造财富。

坚持物质财富和精神财富并重的价值观。物质财富能满足人们的物质生活，精神财富能满足人们的精神生活。在"知识经济"的时代，知识能创造出巨大的物质财富，国与国之间的竞争，也越发转化为科技和人才的竞争。在财富观教育过程中，引导学生树立"知识就是力量"的理念，使学生在获取物质财富的同时，更加注重自身精神世界的建设。鼓励职校生在校内期间，多阅读书籍，丰富自身知识文化，提高自身能力。

坚持以人为本的财富观。在马克思看来，首先是劳动者创造了财富，马克思把人的全面发展作为衡量财富的尺度。劳动创造财富，但是真正的财富积累不在于财富的简单堆叠，而在于劳动者本身能否通过财富获取实现自身的全面发展。培养职校生人本主义财富观，是让学生正视自己未来劳动者的主体身份，肯定自身的价值。同时，也让学生了解到自身发展的重要性，在获取财富的过程中不忘提高自身技能，从而正确看待财富。

2.坚持教育和生活相指导原则

坚持教育和生活相指导的原则就是在教育过程中，以职校生的现实生活为切入点，使财富观教育贴近职校生的生活实际。教育源于生活，离开生活的教育会成为无本之木；教育也服务于生活，教育的目的是更好地生活。财富观教育更是生活离不开的观念教育，培养学生的财富品质，最终还是为学生的未来生活着想，财富观教育要从生活中来，并最终应用到生活中去。

教育需要从生活中来，从社会实际中来，从社会实践中来。脱离生活的教育是空洞的教育，是经不起推敲的教育。学生的生活实际也离不开教育，财富观教育更需要以生活为切入口。

教育的最终目的也是让职校生过上幸福的生活，能够实现自身价值，服务社会。财富观教育也要回到生活中去，只有在生活中树立起科学的财富观，学生的财富选择才能更加理性。生活离不开教育，缺乏教育的生活是盲目的。学校的财富观教育需要引导学生用学习到的知识来帮助经营生活，通过合理获取财富来创造美好生活。职校生步入社会后，随着社会经验的积累和对社会环境的深度感知，可能在财富观上会发生变化，这就需要职业教育学校在校内带领学生培养终身学习的意识和自主学习的能力，使学生能够完美应对遇到的新困难，能够更加客观地、持续地认识财富。

3.坚持教育和自我教育相结合原则

坚持教育和自我教育相结合的原则就是要发挥教育者在教学过程中的主导作用，同时也要充分认识学生在教育过程的主体地位，激发学生的积极主动性，在这个过程中，学生是受教育者也是教育者。

教育的过程是教育者和被教育者协同的过程，德育课程中财富观教育要想取得良好的教育成果就需要老师和学生共同努力。首先，教育者要发挥主导作用，组织好课堂教育，并且为学生创造浓厚的学习氛围。其次，应该鼓励学生提高自我教育的能力，激发学生财富观自我教育的动机，让学生意识到知识和财富观的重要性；最后，要全面提高学生的自我教育能力，引导学生客观面对自我的财富现状和职业发展现状，引导学生将自我财富观和社会财富观进行对比。职校生存在自律性不强的情况，这需要教育者在教育过程中引导学生树立财富观的同时定期反馈财富观，定期检查布置的学习任务，督促学生学习，最终养成学习反馈的习惯并树立科学的财富观念。

二、青少年的职业观和职业观教育

职校生是一个特殊的群体，社会也越来越关注职校生的发展变化。我国的职业教育在大众教育中的地位正在稳步上升，职业教育逐渐成为高等教育的一部分。学生的职业观也越来越受到学者的关注。关于职业观的内涵界定，国内外的学者都有大同小异的看法，总的来说，就是人们关于职业的基本观点和根本态度。简而言之，职业观就是根据社会发展以及自身兴趣和需要而形成的关于职业目标、职业道德、职业评价、职业选择等方向比较稳定的基本看法和观点。

（一）学生的职业观教育

择业就业是职业教育最基本的目标，无论教育怎么定位，就业仍然是一个人不可忽视的过程。了解职业是职业生活的第一步，职业知识看似基础，实则是支撑职业观念的第一要义，与职业有关的概念就是这些基础上的抽象和总结。认识职业的过程中，人脑会根据已知信息做出相关的数据分类，建立"职业数据库"，并且为每一类数据打上"价值标签"，从这些抽象知识总结出来的体系就是职业观。职业教育不可能穷尽所有的职业形态，事无巨细地告诉学生职业领域的全部知识，教育学生学会信息搜集和整理的能力才最有价值。

1.了解职业世界要遵守真实性原则

真实的信息才是有效的信息，真实的信息不等于"招聘信息"，而是包括了一切和职业相关的信息集合。目前招聘应用上的虚假信息比较严重，为了吸引应聘者的注意，招聘单位会虚报收入，这也是用工荒背景下企业之间的竞争方式。初入职场的学生难免会被信息误导，极有可能人云亦云，从而丧失自己的职业判断，将虚假信息作为职业评价的依据。其实这是不科学的。信息真实原则本身也是教育原则之一。

2.了解职业世界要遵守全面性原则

在真实性信息的基础上，还要有全面性的信息概括。职业信息和生活密切相关，职业信息最基础的是职位信息，与工作岗位相关，包括工作内容、工作环境、薪资待遇、职业发展等都是直接且基础的信息，都是需要全面了解的内容。正确的做法就是让学生了解范围更为广泛且真实的信息，全面掌握行业宽广的信息，便于学生在行业内完成信息积累和经验积累。学生入职一个岗位，先需要了解一个行业，比起具体的工作岗位，概括性的行业信息更容易获取，对行业大背景的分析更容易梳理。

3.了解职业世界要遵守信息聚焦原则

知识无限，但是人的能力和了解范畴是有限的，不可能了解全部信息，所有人都是在有限的职业信息范畴中做出合适的职业职位选择。这个原则本身自带实用主义色彩，但是对于职业教育来说是十分必要的。职业教育本身就有着实用教育的影子，所教育的知识最好能直接被学生所用，所培养的人才最好能直接被企业所用。但是，从宏观上说，一个人终其一生也只能了解人类文明的一角；一个人一生从事的职业也只能占据全部职业岗位的一小部分。所以行业聚焦就显得尤为必要，通过聚焦大量了解和自己相关的职业，建立职业地图。值得注意的是，这和全面性并不冲突。其实质是"求职信息"和"职业信息"的区别，职业信息更加具备一定的稳定性；而求职信息是临时的，不是长期有效的，这是从时间范畴讲的。另外就是从范围上讲，求职信息突出具体岗位的信息，内容比较直白、简单，而职业信息则是一系列信息的集合，内容比较复杂。职业教育需要做的就是让学生了解职业信息，学生结合自身特点和优势，了解求职信息，做出职业选择。

4.了解职业世界要遵守未来化原则

事物处于不断发展之中，职业也不例外。信息时代，社会变迁迅速，互联网技术改变着多种职业的面孔，职业岗位也在逐步发生变迁，岗位内容也在逐步变迁。这就需要学生有一定的未来化思维，面向未来的第一关键就是面向职业未来，也就是要用发展的眼光看待职业。这包括两方面的内容：一是要看到新生职业的前途，正如互联网刚兴起时很多集团不敢涉猎，最后却错失了发展的良机。二是要看到当下热门职业可能在未来光芒不再的情况，美国底特律曾是全世界知名的"汽车城"，而今却已经鲜有问津。面向职场未来，也要面向个人未来，要以发展的眼光看待自己。人类文明的进程中，唯一不变的就是变化，面向未来也要看到自己在职业生涯中的发展变化。一个人从就业到退休要三十五年左右，这期间职业岗位会发生很大的变化，人的生理条件也会发生很大的变化，只有有目的、有规划地看待职业，才能在未来占据主动。如果学生的职业信息获取只能止步于入职的岗位信息，职业信息的结构未免比较狭窄，难以做到立体化；如果用未来化眼光看待问题，则可以构成一个相关联的矩阵，并在其中梳理出个人发展的脉络。

（二）职校生的职业发展和学业发展

对职校生的终极设计是让学生树立正确的人生观、价值观、世界观，成为社会主义建设者、共产主义铺垫者。所以教育的过程不可避免地也要和职业生涯设计联系。受教育的学生多是理性的个体，只要学生能够理解当下学业和人生未来之间的联系，自然会对学业和人生进行相互联系的规划。

1.学业成绩的职业资源属性

绝大多数学生在职业生涯的前期，职业资源是十分匮乏的，不确定性很强。在所有的既有职业资源中，学业资源是最为显著的资源。尤其是与同龄接受教育的人相比，学业背景是突出和显著的身份特征；与接受职业教育的同龄人相比，专业背景是重要的区别特征；与本专业学生相比，成绩高低又是评价和自我识别的依据。与其他职业岗位相比，职业技能是突出的职业资源，而职业技能在越来越专业化的今天，学习也越来越重要。这就是一一对应的关系链：学业对应专业，专业对应职业，这种关系链为学业成绩赋予了职业资源的属性和价值。

2.绝对学业成绩和相对学业成绩

所谓绝对学业成绩，更多的是专业知识的绝对性，指的是某一专业相关的个人技能，不需要与他人横向比较，只需要和自己纵向对比即可。但就从理论方面而言，绝对学业成绩的获得不必要通过向外界的展示来证明，在人才竞争激烈的今天，绝对学业成绩已经不足以完全和职业资格相匹配，职业资格的获取需要考虑的因素越来越多，企业在聘用劳动者的时候也开始关注学业成绩在本专业的"相对值"，我们称为相对学业成绩。相对学业成绩是一个在本校、本专业内比较的结果，另外也是本专业在全国同类学校中的对比状况，两者结合得出一个学生的相对专业成绩。相对专业成绩没有固定的表达，在不同行业有着不同的阐述方式和比较方式。但总的来说，相对学业成绩是一种可管理性的展示。

3.学业资源是绝大多数学生最大可控的职业资源

职校在校生还没有完全获得成年人的社会地位，不具备对资源的掌控能力，所以其职业资源中很多资源都是潜在的"准资源"。当学生以个人身份进入社会时，学业时期所拥有的资源是其他资源的生长基础，学业资源是现实资源。当学生投入巨大的精力进行学习时，往往也能获取难以预料的成就，反之亦然。学业成绩是可控的，其可控性质表现在两个方面：一是成绩优劣由人的主观能动性来掌握，学生虽然不能更改自己学校在社会环境中的声望，但是能改变自己在班级内的排名高低；二是专业发展方向可以由个人的学习兴趣和程度决定，每个专业大类都有着多种专业细分，寻找到一个自己满意的专业方向并为之投入精力，能够获得比其他人更大的竞争优势。

三、职校生的职业观和人生意义

专业学习的意义和人生的意义是学生经常要思考的问题，也是受教育阶段年轻人普遍关心的问题。通过职业观教育将"人生""职业规划""学业成绩"三者相连接，依托生涯引导学生实现对人生意义的寻找和思考。人生意义的定位和职业目标的定位相辅相成，对人生意义的追寻，为职业思考和职业选择提供了一个可供参考的"初始值"，而对职业目标的追求是对人生价值的实践性阐述。

（一）职业目标的实现和职业幸福感

幸福感是一个十分复杂的问题，人们产生幸福的原因多种多样，人们感到失落的原因也是五花八门。外界的获得感对幸福感的影响极深，最为外界所认可的影响幸福感的两大直接因素就是家庭建设和事业发展。人们对幸福本身的理解也各不相同，有人以体验的过程为幸福，有人以结果获得为幸福。绝大多数人认为事业成功的标志是职业目标的实现。但是，当职业目标定位为个人所得社会地位上升、经济财富扩大时，这种带有浓厚的个人主义色彩带来的"幸福感"是扭曲和虚幻的，在这样条件下，个人目标一旦落空，便会造成严重后果，当事人会陷入失望的境地无法自拔，甚至为达目的不择手段。职业发展目标的设定需要将个人目标和社会目标相结合，在实现个人目标的过程中为社会注入新的活力，职业幸福感也会大大加强。从幸福感的角度出发，职业目标的设计是职业生涯设计的首要问题，职业目标要结合个人对职业、个人的综合认知才能确立。

（二）职业目标实现的结果和过程

目标实现的过程是一个漫长且复杂的过程，但是目标的实现是一瞬间的事情。首先，职业目标是多重导向的，经济价值、社会身份、社会认同等都是职业目标的细分，这些细分领域往往又统一表现在一个人身上，不能截然分开。职业目标具有短期稳定性和长期变化性，当初的职业目标实现后，便会涌现出新的职业目标。职业目标是一个渐变的过程，在实现最终的职业目标之前，每个阶段性的目标都是实现过程的一部分。在教育和指导职校生职业目标时，一定要注意统筹兼顾。

（三）社会理想和职业目标共同探索

职校生的生涯设计过程中，要让学生的职业目标贯穿到社会理想之中。社会理想是社会的理想，是一种共同的理想，是全社会成员的理想总的概括，包含了人民对社会的未来期待。不同时代有着不同的社会理想，但是大致的社会理想往往包含三个方面：期待社会经济发展、构建稳定的政治秩序和期盼文化繁荣。从时间的角度看，有短期理想和长期理想，20世纪80年代"振兴中华"是一种理想；90年代"小康社会"是一种理想；今天的"中国梦"也是一种理想，而我们的长期理想就是共产主义。将个人目标和社会理想关联，并不是要求个人要以社会理想为自己的职业目标，而是要求自己在具体的职业行为向个人职业目标迈进后，对社会理想的实现有推动作用。个人目标和社会目标保持一致有三方面表现：第一，职业目标需要顺应时代发展的变化，与社会制度相结合。第二，职业目标要响应国家号召，社会影响依赖国家政策的制定，社会理想反映了民族的需要，国家的号召是民族意志的体现。第三，职业目标要适应社会的需要。和国家号召不同，社会需要没有具体的文件参考，但是可以通过一定的社会历史文化背景体现出来。当今时代，网络经济仍然在发挥着巨大的作用，网络经济仍在向各行各业深度延伸，投身这一行业并改造自己所在的行业，就是适应了社会需要。

第六章

关联融合

无论是职业体验还是职业教育，最终国家所有的教育成果都需要统一到具体的个体身上。个体能否将理论和实践相结合、个人与社会相结合、当下和未来相结合，是检验个体学习成果的三个尺度。除此之外，影响个体职业发展的不仅仅是心理素质、知识技能、知识掌握程度等这些"隐性"条件，还有身体素质、作息习惯、生命健康等可以观测到的"显性"指标。多重指标的融合，才能衡量职校生的发展潜力。

第一节　青少年的习惯和健康

当人们用外部的视角观察个体时，最容易发现的就是他们有着各种习惯。一般而言，先天性的习惯称为动物本能，后天受教育养成的习惯大多是一种理性行为。关于习惯的哲学在最初就是物理学中的一部分，而不是生理学或心理学中的一部分。只需要深化原来的路径就可以加强习惯的培养，或者寻找到新的路径来实现习惯的养成。一个最简单的习惯，是一种机械式的反射释放，其解剖学基础一定是系统中的一条路径。

一、青少年的习惯

（一）习惯的基本内涵

卡彭特博士认为：这是一条普遍的经验，即对特殊天资的各种训练施加于成长中的生物体，比施加于成年的生物体时更加有成效，也会给生物体留下更为持久的印象。❶这也充分说明了习惯的养成最好是在早期进行，随着个体的生长发育，习惯的培养难度会加深。这是普遍被学界承认的事实，即经常充分的心理活动序列都倾向于向永久化发展，以至于发现我们总会自动地促使自己进行思考活动、感受或者做我们以前在类似情况下已经习惯于思考、感受和做的事情，而不带有任何意识形成的目的或者对于结果的预期❷。经济学家更愿意将习惯认定为一种规则和一种制度；社会学家对习惯行为的研究主要是从社会风俗和社会制度层面展开；心理学家认为习惯是个体行为方式的一种。

关于习惯的理论研究把习惯区分为一种习惯行为和习惯作为一种过程或心理建构。部分理论认为习惯是一种特定的行为。在对习惯进行定义时，社会学家和哲学家都对习惯有着十分深刻的理解，心理学家给的定义比较清晰，往往把习惯当成一种行为或者行为的倾向，从心理学角度观察个体的变化过程。

明确来讲，习惯具有广义和狭义两重解释。广义上的习惯指的是社会或群体的习性，即在特定的社会生活环境下成长的人们长期参与社会实践并且逐步养成的稳定的生活准则与生活方式，这一准则或方式可以获得群体的价值认同，并且能保证个体在群体中的融入。狭义的习惯更多指的是个人习惯，是个人在长时间的实践中培养的，基于一定的社会经验和个人总结而演化的比较固定的思维模式和行为方式，是一种不需要意识的思维现象和行为规则。

（二）习惯心理学机制

关于人的习惯的研究历史和心理学发展有着趋势上一致的紧密关系，从桑代克行为主义传统心理学研究对心理满足和习惯的特定含义界定，再到众所周知

---

❶ 冯特.心理生理学［M］.德国莱比锡英格尔曼出版社，1874:339–345.

❷ 威廉·詹姆斯.心理学原理［M］.方双虎，译.北京：北京师范文学出版社，2009.

的斯金纳的操作性条件反射理论。但是这些经典的理论在流传过程中被逐步淘汰了。现如今，从计划行为理论到双系统模型，学者对习惯的产生和持续的心理学机制的探究从未停止。

心理学中，习惯被定义为一种行为模式，当这种行为在过去被重复和持续地执行时，这种行为模式会自动产生反应。研究表明，个体在环境中重复一个行为，习惯强度会增强。当新的动作被执行的时候，情景和动作之间的关联就在潜移默化中建立了，重复动作则可以加强这种联系，使得在同样情境下的其他动作难以被选择和接收。随后，在遇到相关提示或类似的情景时，相关的联系会自动被激活，产生连锁反应。虽然由动机所调节的行为的执行通常需要刻意地努力，但是习惯被认为是自动触发的，因此可能是在没有意识、有意识地控制、精神努力和深思熟虑的情况下发生。

一个已经被执行了少量的行为是否会被重复，很大程度上取决于个体在新的行为执行之前是否选择继续执行旧有行为。而这又取决于行为所产生的后果，以及主体对行为后果的反应。在长期行为改变尝试的早期阶段，引发负面影响的目标导向行为通常会停止，而那些带有积极情绪的目标导向的行为可以增强和增加改变的动力。满足感也被认为是习惯养成的重要部分，因为"满足感表明最初改变行为的决定是正确的"，而满足感源于价值获取的结果和价值预期的结果对比。不切实际的期望会影响满足感的产生，影响行为坚持下去的动力。有效的规划对当前的行为进行准确的评估，以识别当前和期望结果之间的差异。在这方面，自我监控起到了重要作用，它可以帮助个体识别不被欢迎的行为，从而帮助个体进行判断和甄别，减少当前行为和期望结果之间不对称的情况。自我监控还可以帮助确定执行新的行为，从而实现意图。

（三）习惯产生的机制行为主义视角

行为主义学派的学习理论在20世纪60年代带来了巨大的认知革命，随之而来的是大量关于内隐过程的研究。20世纪80~90年代，习惯被定义为基于记忆的倾向对特定的线索做出自动反应的行为方式。

一般来讲，并不是所有的习惯都可以通过视觉观察的方式进行监测，如思考习惯。我们的行动习惯可能会对思考习惯产生一定的塑造作用。

思维过程是言语机构系统中的运动行为。心理习惯是指思维发生的方式，有别于思维内容。习惯性的思考可能是有效的，但也可能带来功能失调的问题。心理学家们运用行为主义观点绘制了涉及从事某项活动的行为、思维和内隐系统之间的交互作用，希望通过分析习惯形成的流程为养成习惯、体现现有的习惯以及心理习惯的产生过程绘制合理的连接图（图6-1）。

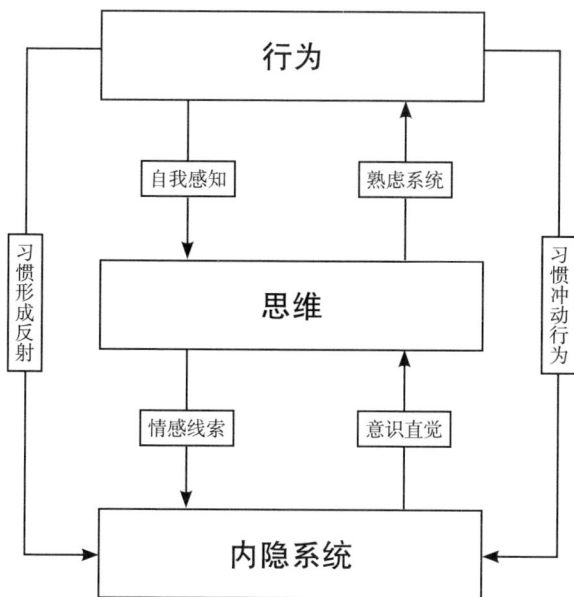

图6-1　习惯养成要素连接图

二、青少年的健康和健康校园

职校在校生一般正值青年时期，良好的身体条件使部分学生忽视了卫生和公共健康的问题。殊不知，一旦沾染疾病，将给青少年的学习甚至终身发展都带来巨大的影响。青少年健康问题是个多方面的，当前职业院校需要严格按照卫生部门的要求，落实卫生与健康教育工作，为学生营造干净整洁的校园环境，确保学生能有舒适的学习成长环境。同时，开展学校卫生与健康教育要有合适的方法。

（一）明确教育目标

卫生部门的监管对校园卫生工作的开展尤为重要，学生可能没有校园健康的意识，但是教师要有大局观。作为学校教育的主要负责人，教师的管理影响着学校管理的大局。明确教育总目标，进而在实际教学和管理中心做好卫生教育的工作尤为重要。卫生部门已经严格要求院校做好卫生与健康工作，院校要严格落实，保证学生有充分良好的教育环境和健康的体魄。

（二）发挥引导作用，推动健康教育发展

教师是学校卫生和健康的主要负责人，要严格落实卫生部门下发的文件和要求，发挥自身的引导和示范作用，从而强化对学生的管理工作。教育之中，教师个人的仪表和卫生形象也很关键。要对个人卫生情况进行检查并制定具体的管理规定。在院校内推出职校生日常行为守则，监督学生落实。各项要求要有明确的规定，不能模棱两可。教师要明确卫生健康教育的目标，树立新时代卫生健康理念，引导学生做好健康教育工作。

（三）防控常见疾病、传染病

疾病防控是校园卫生的重中之重，学校本身就属于人群密集地区，学生的生活范围基本都在校园内，学生又处于身体发育的关键时期，因此对疾病尤其是传染病的防控一定要意识到位。卫生部门需要结合实际情况做好集控管理工作，强化学校对学生的管理工作，保证学生充分了解卫生、安全、预防的价值。在卫生部门的号召下，院校应该强化学生进行详细体检，检查学生的基本情况包括：身高、体重、视力、肺活量等，判断学生是否有沙眼、色盲、色弱，口鼻、器官是否存在问题。通过体检掌握学生的身体基本情况，确定学生身体是否健康。

（四）强化宣传，推动发展

宣传工作的有效落实能推动卫生健康工作的开展，也是进行卫生健康教育工作的最主要的手段之一。卫生部门要和学校有效结合起来，对学校工作人员进行卫生健康的宣传教育工作，确保师生先能正视自身的工作价值。例如，学校可以组织相关知识普及活动，使师生能够走进卫生健康教育的活动中，以互动的形式强化学生对手足口病、水痘病毒、艾滋病等各种疾病的基本了解。

（五）以学校为主，开展健康教育

开展学校卫生与健康教育工作是教育工作的重要组成部分，学校卫生工作的主体仍然是学生，展开的教育也是围绕学生做教育。学校不仅仅需要创造良

好的校园卫生环境，更重要的是培养学生的健康意识，将提高学生的健康保护意识作为健康教育的基本出发点。通过教育的不间断强化作用，实现学生健康意识的稳步提升，保证学生可以形成良好的健康习惯，有秩序地达成学校健康指标。

总而言之，学校卫生和卫生教育的开展是一项十分有意义的工作，必须保证相关规定的严格落实，将健康教育纳入校园教育重要的一环。卫生部门也要积极参与，引导学生和家长高度重视学生健康问题，构建安全的校园生活、学习环境。

第二节　青少年的法治素养

一、法治和法治教育

法治并不是"有法律，并用法律治理国家"这么简单。中国古代的法治思想主要还是为了维护君主统治、维护封建主义制度，这与现代法治观念相差甚远。当前，我们推行的法治观念应该包括以下内容：第一，法律具有至高无上性；第二，法治和民主密不可分；第三，法治的灵魂在于保障公民权益和制约行政人员的权力；第四，法治和人治具有明显区别。重点是第四点，法治是一种理性文化，要将依法治国的法律秩序建立稳固，就要坚持国家治理方面的连续性和稳定性。只有在法治状态下，全体社会群体的权利才能得到长久的确认。上述四点，解释了法治的内涵，让公民对抽象的概念有了更加直观的了解，并且为学界广泛认同。

通过教育转变人的思想，利用政治手段来推进民主事业的发展，国人的态度和国民的努力必然是一切战略的核心。而这一切，都需要教育来培养和烘托。教育是社会知识传递的一种手段，是培养人、提高人员素质的一种社会实践活动，是提高社会生产力的方式之一，是当下造就和实现人全面发展的方式之一。加强社会主义法治建设，其根本问题就是人的问题，法治的理想只有通过合适的教育才能实现。

一般而言，人们的每个行动都建立在个体的知识储备之上。什么样的知识储备，往往会有与之对应的行为习惯。要想打造一个法治社会，社会成员就要拥有法治的观念。人生来并不具备法治观念，合格的公民必须由学校教育孵化而生，这已经成为一个不争的社会共识。这就要求教育不仅有知识传递的功能，还有要民主建设的功能，让学生掌握有关法治的基础知识和技能，在丰富多彩的法治实践中形成对法治的态度和运用法治的能力。在法治建设中，任何对教育的漠视最终都会导致人们对法治的无知或者偏见，并导致人们对法律和法治的失望。

法治工作需要教育，还因为法治具有局限性。这一点是以往研究中很少提及的。法治作为人类一项政治制度，并不是万能设计，任何法治国家的法制工作都有自身的局限。这种局限性表现有三点：第一，法律调整范围有一定的局限性。法律的约束力只能局限在人的"行为"上，人们的思想和信仰不能用法律直接进行干预调整。第二，法律制度自身也有局限性。法律制度反映的是国家公民对社会生活的认识和对未来的一种预期，因而在社会变化发展较快的时期，法律就会表现出一定的滞后性。博登海默称为"时滞"。一方面表现为现有法律往往滞后于新的问题，难以对新的问题进行保护或者惩戒；另一方面，和社会发展相比，法律更倾向于保守，这就需要对法律进行修正，但是在修正之前，可能会阻碍社会发展。第三，法治实施具备一定的局限性。要突破这种局限，没有教育是万万不可的，教育和法律都能培养人的理性态度。

二、法治教育需要与道德教育相结合

在法治教育落实的过程中，道德教育更是占据不可或缺的位置。道德和法律是规范人们行为的社会调控方式，各有各的优势和缺陷。道德主要是通过自我倡导和外界倡导的方式对人的行为和价值取向进行引导。道德束缚性更加宽泛，但是缺点也很明显。德育教育能否有效还需要看学生品行的高低以及内心道德素质的高低。道德是一种"软调节"，对损害他人利益的人只能进行道义上的谴责而不能进行强制的、直接的制裁。能强制规范的就是法律。法律是一种"硬调节"，以国家强制力为背书，对社会行为有着明文规定，社会成员可以通过阅读规定来明确什么行为可为，什么不可为，且法律不会因为成员不懂法而对其免于处罚。但是法律也不是万能的，法律只能对违反法律明文规定的行为进行处罚，对于一些不违法、但是违反道德常识的行为无能为力。

道德和法律的局限性表明，只有二者结合起来才能充分发挥各自的功能，实现功能互补，这也就意味着在法治教育的过程中，也不能忽视德育教育。职业院校的一些实例也表明，法治教育对职校生的成长发挥了举足轻重的作用，是提高学生素质和学生社会生产实践能力的重要保证。反过来，德育教育也大幅增强了学生法治教育的效果，因此，在开展法治教育的同时大力开展道德教育，不仅能对学生的法治教育提供巨大的帮助，还能促进学生自我教育的发展，实现学生自我的独立和统一。

除此之外，坚持法治教育和道德教育相统一还是我国素质教育的必然要求。通俗而言，就是从人的发展和社会发展的实际要求出发，充分尊重学生的主体地位，充分开发学生的潜能，实现学生的全面发展。素质教育包括德、智、体、美、劳五个方面，是五位一体的教育模式。职业教育中的素质教育更是和传统的教育模式大不相同，改革开放早期的职业教育有着特定的时代背景和受限制的教育条件、就业模式，当代也有着当代的社会历史条件，不能站在现在的视角批评以往社会条件下的方法是错误的，但是可以承认以往的思路和方针已不适应当下新环境。素质教育已经成为世界各发达国家和先进的发展中国家所推崇的教育模式，这也是各国深知未来竞争必定是人才的竞争。现代社会不仅需要人才精通某一方面的业务，还需要知晓领域内的相关知识，这也是我国提出全面发展教育目标的背景。因此，不断加强和改进职校生法治教育和道德教育，将二者有机结合起来，是促进素质教育不断发展的重要环节，是实现职校生全面发展的重要工作。随着市场化经济的发展，中国社会也在不断向前进步，当下的职校生仅仅在学业上取得一定成绩已经远远不能满足社会的需要，现代社会需要职校生在政治意识、人文素质、心理素质、法治思维和道德素质上都表现良好。接受教育阶段是职校生一生发展的关键阶段，职校生的价值观确立的关键时期。职业院校加强法治教育和德育教育，在学生人格等非智力因素方面也应该给予充分的关照和培养，帮助学生树立法律意识和道德风尚，养成良好的职业素养。

三、坚持法治教育的实效性

职校生法治教育是培养"法治公民"的重要途径，职校生法治教育已经开展多年，但是学生之间受教育效果不平衡的情况仍然突出。而法治教育又是个长期的工程，不能一蹴而就，学生对知识的消化吸收也需要一定的时间，这必然会导致学生的法治教育存在一定的滞后性。因此，加强职业教育中法治教育的实效性尤为重要。

（一）完善职校生法治教育理论

实践是检验真理的唯一标准。科学的理论应该具备与时俱进的品质，同样，职校生法治教育也应该与时俱进，加快法治教育的"新陈代谢"。指导职校生法治教育的理论也应该不断丰富和完善。这都需要提高职校学生法治教育的实效性来完成。

通过对职校生法治教育活动以及教育效果的观察，来对现有的职校生法治教育理论体系和教学体系进行检验。一方面，将其精华部分凝练提取出来，汇聚成为优秀理论集合；另一方面，通过检验现有的理论不足，根据实际情况，来完善既有理论体系和丰富既有教育模式的内容。总之，只有检验实效性才能完善职校生法治教育的理论大厦，才能形成职校生法治教育的理论体系，来更好地指导职业教育院校展开对学生的法治教育。

（二）完善职校生法治教育过程

结果和过程孰轻孰重，人们似乎永远都在思考这个问题。马克思主义辩证法认为，先有过程再有结果，过程和结果密不可分、相辅相成，过程和结果二者应该在追求目标的基础上实现统一。良好的过程有利于职业目标的实现，从而带来令人满意的结果，结果的不足能反映出过程中的问题，这可以使主体在新一轮追赶目标的过程中规避问题或者解决问题。从实践到认识，再从认识到实践，这一过程不断推动实践过程向着更深入的领域发展。

实效性就是要从职校生法治教育的现实环境出发，提高职校生法治教育的出发点。研究职校生法治教育的实效性，有利于反观教育活动中存在的各种问题：一方面要看职校生的教育过程是否脱离了预定路线，从而实现通过对过程的控制，引导过程向预期目标发展。此外，要分析结果是从何产出、由谁导向的，从而修正、解决过程环节问题。通过对学生法治教育实效性研究来分析教育过程和教育结果之间的互联关系，是不断完善职业教育院校法治教育体系的需要，有利于推动职业技术学校法治教育向更科学的方向发展。

（三）推动社会主义法治建设

青年是祖国的未来，是未来的储备资源。在社会主义法治建设过程中，职校生占据着十分重要的位置。切实研究职校生法治教育的实效性，完善理论，促进实践，这将给社会主义法治建设带来巨大的力量。

从理论上讲，职业教育学校的法治教育是为了塑造一批又一批具有良好法治意识的职校生，研究职业教育院校的实效性，正是为了实现培养具有社会民主法治意识的良好公民这一根本目标。通过实效性研究得出科学的教育理论，为整个社会主义法治教育模式提供经验。从实践上讲，职校生的法治教育研究，意在考察当下的职校生在法律素养方面存在的共性问题，从而能以小见大，揭示社会主义法治建设过程中人才培养方面的问题，通过为职校生法治教育出谋划策，也可以为社会主义法治建设探索实践方面提供对策。

总之，职校生法治教育是整个社会主义法治教育的有机组成部分，提高职校生法治教育的实效性有利于推动整个社会的法治教育发展。具备现代理念的法治意识及行为的职校生，日后将成为推动国家法治建设的一股崭新的力量。

四、职校生法治教育的评价

正是主体在评价过程中所得的观点，调节着主体的实践活动；而这种观点一旦掌握了群众，就成为物质力量。[1]评价对社会实践活动具有重要意义，不仅能推动科学认识的发展，还能推动社会进一步发展。同样，对职业教育学校的法治教育进行评价，进而能影响学生的法治意识和实践活动。那应该如何评价？

既然法治教育有着实效性的要求，那么结果和过程的辩证关系就必须纳入考虑范畴，这就要看职业技术学校法治教育目标的实现程度，也就是职校生对受教育这一方式的接受程度。简言之，学生的法治教育的结果和目标预期相吻合，就可以说这样的法治教育是有效的，反之亦然。

（一）职校生法治教育的特性

1.科学性和实践性

具备科学性的教育才具有强大的生命力。科学性就是要从客观事实出发，以事实为依据，以科学思想为指导，使学生法治教育的实践活动和时间思路能符合现实规律。有效的职校生法治教育活动必须具备科学性，才能使学生的法治教育

---

[1] 布罗日克.价值与评价［M］.李志林，盛宗范，译.上海：知识出版社，1988:51.

长远发展。科学性也是抵御落后的武器，能帮助职校生免除不良影响，向前不断发展。考察和评价学生法治教育实效性的同时要完善学生法治教育科学性的要求，做到全面分析，避免主观臆断。

哲学上认为，实践是人存在的方式。职校生法治教育活动是一种人类活动，也是一种实践活动。这就要求教育者在进行教育活动中不能脱离人去构想，避免陷入乌托邦式的虚幻美好之中，也不能让法治教育的理念远远滞后于现实发展的需要，这样反而会成为法治建设的一种阻碍。职业教育中，学生是绝对的教育主体，引导其做到知行合一，能对法治教育实践有着巨大的助推作用。所以，在考察职业教育学校实效性的时候，不能忽视对学生法治教育实践的评价，即职校生的法治教育活动是一种自觉的实践活动，其成果能否通过实践的检验。

因此，在对职校生法治教育进行评价的时候，要注意学生法治教育的实践性和科学性。一方面，用客观的标准去衡量学生法治教育活动能否按照客观的规律进行，是否与当下的教育环境和学生的身心健康发展能够相适应；另一方面，需要用动态的标准来看待职校生的教育过程和结果能否与时俱进，能否和当下的环境形势所对应。

2.层次性和多样性

职校生法治教育从教育目标的制定到教育实践的落实，是一个动态的、不断发展的进程。学生法治教育目标的实现不是一个一蹴而就的过程，再加上客观环境等多重因素的影响，使得职校生的法治教育必然是一种长期的、多层次、多样化的过程。

从横向来看，职校生的法治教育具有多样性。一方面，因为受地域、文化、经济、受重视程度等因素的影响，不同学生的知识水平有较大的差异，所取得的教育效果也是千差万别。另一方面，职校生法治教育的整体效果不是简单的每个学生的物理相加，整体效果不能代表个体水平，因为这本身就是两个维度的参考量，要注意群体和个体之间的差别。

总而言之，在评析学生法治教育实效性的时候，要注重横向和纵向上的多样性与层次性。利用不同的评估方案，从多个维度进行考量和点评，综合把握学生法治教育实效性的近期效应和远期效应、群体效应和个人效应、整体效应和区域效应。

3.量的属性和质的属性

量变和质变是辩证法的三大规律之一，告诉我们事物的发展是量变和质变的统一。职校生法治教育是一个从量变到质变的过程，活动的实施效果要一步一步体现，甚至会出现暂停、反复的状况。这就需要我们在评价职校生法治教育的时候，不仅需要考察量的变化，还要考察质的属性。

同时，职校学生需要一定的时间来吸收所学到的法律知识，甚至在相当长一段时间内都无法将知识转化为实践，这也是一个量化积累外化为一定的实际观念的行为，是潜移默化的过程。从量变到质变，需要时间沉淀，因此职校生的法治教育可能不会有立竿见影的效果，还需要结合学生的法治教育的内隐性和外显性特点，不仅从外在的职校学生表现去考量，还要结合学生的言语态度分析，分析其所处的内化和外化的发展阶段，综合考虑职校生法治教育的量与质（图6-2）。

图 6-2 职校生法治教育的特性

（二）职业教育学校法治教育的目标预期

教育是使受教育者获取知识拥有技能的活动，教育的目的就是使人得到思想品德、智力以及体格上的发展，为社会需要培养一定的人才。职业教育学校的法治教育也要以满足职校学生需要和社会需要为主，使法治教育本身具备一定的价值。因此，职校生法治教育的预期目标的设定，必须以职校生的自身发展为依据。

1.职校生的需求

职业教育法治教育的对象是职校生，任何教育都应该贯彻以人为本的理念，为此我们更要重视职校生对法治教育的需要。职校生对法治教育的需要主要有两点：

一是对法律知识的追求。随着社会现代化进程的加快，无论是社会公共领域还是私人领域都会受到法律的规范和调整。缺乏基本的法律知识，职校生在融入社会过程中便会遇到一些障碍。人最终还是社会中的人，社会由众多的个体组成，人无时无刻不处于一定的社会关系之中。学生在日常社会生活中难免会遇到一些问题，困难的问题需要用法律去解决，可能是民事法律，也可能是刑事法律。最基本的，学生应了解婚姻法律知识，以明确个人在家庭中的责任和义务；了解就业和劳动者权益保护相关的知识，合法维护自身权益；了解教育相关知识，维护自身获取教育的权益等。无论是出自社会的需要还是自身发展的需要，职校生都应该具备一定的法律知识。

二是保护自身合法权益的法律技能追求。虽然有些学生掌握了一定的法律知识，但是在实际运用过程中手足无措，甚至难辨是非；在自身权益受到侵犯时，虽然有维权的意识，但是不清楚获取法律救济的渠道。例如，一些未入职就要求学生缴纳服装费的公司，并且声明"因个人原因辞职，不予退还"。不少学生缴纳完100~200元费用后，却发现迟迟不给安排工作。很多学生觉得数额较小，最终不予追究，甚至有些学生不知道需要求助什么部门来解决这种问题。总之，现实生活中有许多学生被骗的案例，向我们揭示出学生对于保护自我权益的法律技能的迫切需要。

2.社会需要

学生法治教育的目标应该遵循社会的需要，也就是说社会需要学生具备什么样的法律素养，学生就应该具备什么样的法律素养。

一方面，良好的社会环境和就业秩序需要具备社会主义法治观念的职校生。如果职校生法治意识淡薄，轻则影响公共秩序，重则导致学生出现违法犯罪情况。现代社会需要法律的理性精神，社会发展需要不断摆脱落后的状态，社会要求当代职校生将社会主义法律作为内心的精神信仰。例如，要主动纳税、不闯红灯、不违规驾驶等。社会不仅需要培养专才，更需要培养具备全面知识的专才，注重人才的全面发展。

另一方面，社会发展和建设离不开具有良好法律素养的职校生。作为社会中的个体，学生无时无刻不在参与着社会生活。在现代化社会加速发展、互联网深入生活、市场经济全球化加深的背景下，培养具备法律精神的职校生，对社会主义建设有着重大作用。学生对《宪法》《合同法》《劳动法》《物权法》必须有基本的了解，明白公民的权利和义务，否则就难以很好参与到政治生活中去。这对国家法治建设和民主发展都有很大意义。

3.职校法治教育的预期目标

结合职校学生以及社会需求，可以将职校学生法治教育的预期目标分为近期目标和长远目标。从近期目标来看，应该包括法律意识、法律知识与技能等方面，目的是使职校学生知法、懂法、用法。具体而言，近期目标包括以下几点：帮助学生树立社会主义法治观念，健全职校学生的法律意识；使职校学生掌握基本法律知识及相关的专业法律知识，深入理解这些法律知识的内涵和作用；培养职校学生的法律实践能力，增强职校学生的法律技能；引导职校学生用法律武器维护自身利益，勇于同违法犯罪现象作斗争。

长远目标是将职校学生培养成为社会主义所需要的合格公民。具体而言，长远目标包括以下几点：帮助职校学生树立对我国社会主义法律的精神信仰，自觉追求并遵循法律的基本价值要求；引导职校学生积极参与社会主义建设，用所学法律知识和技能来维护和倡导良好的法治秩序，为构建社会主义法治社会做贡献。

（三）职校学生法治教育所应达到的效果

职校学生作为法治教育的对象，所取得的实际教育效果是衡量职校学生接受法治教育效果的重要指标。对于结果效果和预期目标的比较，在结果和预期之间做出量和质的评判，需要注意以下三点。

首先，预期目标不是指单纯的学校培养目标。还需要结合国家对职校学生法治教育的总体期望来谈职校学生接受法治教育的实效性。

其次，我们应该对职校学生在"态度、意识、知识、技能"方面进行量化评估。就"态度"标准而言，就是看职校学生是否重视法治教育课程和相关活动，是否切实意识到自身的权利和责任，是否存在形式主义的学习态度。就"意识"

的标准而言，需要看职校生是否树立了现代的社会主义法治意识，是否对我国既有法律能表示认同，是否能自觉遵守法律的意识。就"知识"的标准而言，就是看学生是否能掌握基本的法律知识，对法条有着基本的理解。就"技能"标准而言，就是看学生是否能树立用法律意识来解决问题，将学习到的法律知识运用到生活中去，是否能自如参加和法律有关的活动。

最后，从综合效果来看，一种是负向的效果，一种是正向的效果。当然，就不同层次而言，可能每部分的效果都不尽相同，这就要把职校生法治教育作为一个整体进行再次评估。

总而言之，就学生的法治教育结果可以初步得出结论：一是职业教育没有达到既定教育目标中的任何一项要求，在总体上看就不算实现了职业教育中法治教育的预期目标。二是职校生完成了预期目标，这是一种正向的效果，包括实现了预期目标和超越预期目标两种情况。但各项目标的实现并不意味着法治教育可以一劳永逸。我们的职业教育法治教育应该不断进取和提升，要和社会发展的历史背景相符合。

五、职校生法治教育的影响因素

职校生法治教育是一个系统化的教育工程，受教育者、教育者、教育方法、教育内容、教育环境等要素都和教育成果息息相关，各要素之间互相依存、互相影响，如果不将各要素均纳入考虑范围中，则最终效果可能会与预期目标有着极大出入。

（一）受教育者

现代教育贯彻以人为本的教育理念，受教育者既是职业教育学校法治教育的对象，也是实际教育过程中的参与主体，是法治教育效果的直观体现者。因此评价学生的法治教育结果，就必须深入分析受教育者作为主体的需要、素质以及主观能动性。

受教育者的需要是多种多样的。一般而言，受教育者的年级越高，所具备的法治素养也就越高，工作实践经历更加丰富的学生素质素养要高于工作实践经历低的学生，尤其是有过工作经验的学生，更加渴求关于用工合同、劳动保护方面的法律、法规。职校生法治教育也必须以受教育者的需求为教学导向，不同的学生有着不同的教育需要和法治需要，这也就导致了教育的内容和方法也可能大不相同，最终所取得的教育效果也会有着较大的影响。

受教育者自身的素质是教育的起点，也对接受教育的程度有决定性意义的影响。同样的教育内容会因为受教育者之间的差异而产生完全不同的结果，因此对职校生的法治教育更应该考虑到个体之间的差异化的问题，以及不同地区、生源之间的差异化的问题。

受教育者的主观能动性也对教育的结果有着巨大的影响，受教育者的主观能动性决定了学生对法治教育的重视程度和参与意愿。职校生法治教育的内容能否同化为受教育者的主体意识，能否被受教育者自觉外化成为应有的法治能力，甚至创造性地应用于日常生活和职业生涯之中，都依赖于受教育者主观能动性的发挥。

（二）教育者

教师是一种专门的职业，被称为人类灵魂的工程师，教师队伍的构建对教育效果的影响尤为巨大。教师自身的素质以及整个队伍的建设，对职校生的法治教育的完善和提高有着重大的影响。

从教育个体的角度而言，法治教育的教师必须具备良好的职业品质和以身作则的守法意识，以及突出的职业技能。评价职校生法治教育结果的实效性，就必须深入了解法治教育的教职工人员水平，既包括职业品质也包括技能水平。职业品质就是要看法治教育的教师对工作是否负责、热爱，还是否存在进步和追求的意识；职业技能要看教师的知识水平、法律素养、教育水平。从教师队伍整体上来看，打造一支专业化、职业化、标准化的教师队伍能给教育效果带来良好的提升。职业教育本身就有着丰富的社会资源和"专职—兼职"教师的二元结构，专兼职教师之间的配比、教师队伍培训、考核问题，都是影响教师队伍素质的重要元素，都成为推进职校生法治教育不得不思考的问题。

（三）教育内容和教育方法

教育内容和教育方法都对教育效果有着尤为重要的影响，为了达到良好的教育效果，教育的内容也要坚持个性化和针对性。一方面，要针对教育的目标设置具体的教育内容，同时也要考虑学生教育实际；另一方面，要把握教育环节中的教育规律，忽视规律的教育内容，不仅达不到既定的教育目标，很有可能还会带来负面的影响。教育内容必须有先进性，教育的目的本身就是促进人的发展，先进的教育能提升人的思想，落后的教育反而有碍人的发展。教育方法是沟通教育者与受教育者的纽带，是提高教育质量的关键。教育方法是多样的，只有适宜的教育方法才能构建和谐稳定的师生关系，才能更好地完成教育任务，取得较高的实效性。因此，教育方法的甄选需要因地制宜。

总之，分析职校生法治教育的实效性，离不开对教育内容和方法的个性化思考，洞察既有的内容和体系是否符合当下环境的需要，判断内容是否科学、准确。

（四）教育环境

人总是生活在一定的环境中，马克思主义将环境的改变和人的活动看作一个辩证统一的过程。人的教育环境分为两部分：内部环境和外部环境。内部环境即校园环境，外部环境即社会大环境。无论是内外环境，对人都有着塑造作用，学生的法律素养的形成也离不开职业院校所营造的校园环境。为此，在对职校生法治教育的结果进行评价的时候，也需要将环境建设囊括其中，认真分析职校生的教育环境是怎么样的，以及对职校生法治教育的意义和影响又是怎样的。

总之，综合分析职校生法治教育的实效性，就是运用科学、系统的思维去评估整个教育设计的效果，并将这种效果和国家、学校的预期目标做出对比，对职校生法治教育的影响因素进行分析。从而对大学生法治教育得出一个总体性的结论，帮助研究者寻找教育过程中的问题，进而针对性地完善职校生法治教育活动。

六、提高职校生法治教育水平的路径

（一）调整培养理念，改革教育方法

1.调整培养理念

科学的、成熟的理念为职业技术院校法治教育建设提供了良好的指引。因此，职校生的法治教育效果的提高应该从理念调整入手。

（1）树立素质教育思想。世界经济全球化仍然在向更深的领域发展，经济一体化仍然在加强，学生的综合素质面临着新的挑战。法律素养成为衡量人才标准的一个参考变量，同时学生的法律素养也面临着众多的问题，推行素质教育的理念能解决许多问题，有些问题是传统的应试教育模式导致的。职业技术院校本就应该加强学生的动手能力和执行能力，贯彻落实中央文件指出的"五位一体"的要求。职业教育法治教育也应该顺应时代，努力实现向提高职校生法律素质方面转变。

（2）树立以人为本理念。人本主义思想是现代教育模式中的必备思想，重点是突出学生的主体地位，注重学生的个性化。人本主义思想在法治教育中有着更好的地位，因为法治本身就是为人类社会服务的。一直以来，我国职业技术学校不太重视学生的法律素养，学生处于被动地位，枯燥的法条、烦琐的法理逻辑让不少学生产生了抵触心理。法治教育的目的不是让学生在某场法律基础的考试中获取更高的分数，而是能让学生在未来的职业化道路上，能用法律解决问题，用法律维护自身权益，要科学引导学生，使学生在法律学习上从被动转变为主动，增加内驱力，进而增强教育的效果。

（3）树立互动教育理念。学生成长的环境不仅仅是局限于校园之中，应该树立社会、学校、家庭密切配合，互帮互动的教育培养思想。学校在教育环节居于主要位置，但是要注意利用校外资源，增加社会教育的比重，充分利用职校自身优势拓展教育平台。这样也可以方便解决中等职业教育和高等职业教育之间的衔接的问题，实现教育内容上的连贯性，提高学生的素质和起点。

2.改革教育方法

有效且合适的教育方法能有助于职校生将法律知识内化为法律素质，有助于教学内容上的全面发展和发挥教师对教育的主体作用。这里简述几种教育方法。

（1）案例教育法。案例教育法是有效解决学生抵触理论学习、概念学习的良方，将教师教和学生学有机融合在一起，提高教育的现实性、趣味性，提高学生分析和解决实际问题的能力，有助于实现理论教育和实践应用的有机统一。

（2）实践教育法。实践一直是职业教育的核心部分，职业院校本身就拥有着更多的实践实训基地，充分利用这些资源，能让学生进一步了解企业面临的法律问题。学校也可以充分利用企业实训基地，配合学校法律课程理论教育，使职校学生进入一种更加开放、真实的教育环境中。适当的法律实践是对理论教育的深化和延伸，能够大大提高法律课程的教学质量。通过切实的实践教育活动，让学生通过自己的实践，接触法律案例，揭开问题的现象，深入法律本质，形成对法律的真实感受。没有经过任何实践的活动，任何外在的客观存在都无法在学生大脑中形成长期稳固的观念。

（3）情景教学法。通过寓教于乐、寓教于情的方式，设定相关的教育情景，引导学生进入情景，并带入情景中的角色，产生情景中的思考。课堂上的教育可以播放相关视频，课下可以通过企业实训、情景剧等形式，提高学生学习法律的意识和参与法治教育的热情。情景教学法可充分调动学生的积极性，发挥学生对学习的主动性，将理论和实际结合起来，将学生对问题的思考和动手能力结合起来，将学生的"知"和"行"结合起来，是一种行之有效的教育模式，尤其是对职业教育学校来说。

（二）改善教师素质，提升教育质量

教师素质直接关系教育质量，教师在培养社会主义人才中起到关键作用。然而，当下教师面临师资水平参差不齐的情况，很多教师的法律专业素养根本无法保证能够满足学生的现实需要。职业技术学校除了应具备良好的硬件条件和教育环境以外，还需要两支素质过硬的法律教师团队，其中一支负责校内理论教育，一支在企业负责法律实务教育。

外部吸收，内部强化。大力吸引知识渊博、实务经验丰富的企业法务讲师来校内兼职讲授课程，加强现有法治教育教师的培训和深造，提高师资队伍水平。

单独划分，互动交流。各职业院校可以试点将法律教研单独划分，并且使法律教研工作和德育研究工作形成互动交流的关系，通过此类活动的试点，充分引导发挥，进一步加强师生之间的交流和沟通，推动职业教育不断提升。

（三）优化教学内容，拓展实践环节

1.优化教学内容

这需要从教学实际出发，将法治教育和心理学、教育学等学科关联起来，巧妙将教材内容优化，以期达到事半功倍的效果。

（1）法治教育需要和道德教育相结合。在职业教育中，道德教育和法治教育均属于不可或缺的组成部分。接受职业教育的学生正处于性格和意识都在逐步成熟的阶段，应该将法治教育和道德教育结合，引导学生形成健全的人格和集体意识，培养学生良好的品德和心理素质。除了基本的法律知识和道德观念外，还要帮助学生理清基本的法理关系，认清德与法的关系，掌握基本的法学原理，将理论和实践相结合起来，能明白法律和道德的辩证关系。教师要以道德教育为基础，逐步引导学生实现从道德认知到法治人治的观念，从而形成遵纪守法的好习惯。

（2）法治教育还需要和心理健康教育结合。在校学生正值心理发育和心理成熟的关键时期，学生的人生观、世界观、价值观尚未成熟确立。学生的性格也在逐步完善之中，性格没有稳定和定型。特别是近些年来，学生的心理问题不断增加，由此引发的法治事件也在不断上升。通过法治教育和心理教育相结合的方式，进一步强化心理健康的指导，使学生树立良好的心理观念，采取合理的方式进行调节，减少违法犯罪行为和动机，为学生成长起到促进作用。

（3）法治教育和性教育结合。性教育一直是我国教育系统中缺失的部分，但却是青少年成长过程中绕不开的话题。随着国家对青少年性教育的重视，职业教育更不能避开这个"千古难题"。职校应该和社区、家庭形成内外联合机制。以性道德、性法治为核心，以性心理、性生理、性卫生保健为基础，践实科学性、实用性、健康性三大原则，大胆向学生讲解性知识。让学生在了解必要的性知识以外，更加懂得人和动物在性关系上的区别，人类会受到社会环境、文化传统、价值观念、道德、法律等方面影响，人的性行为有选择性和控制性，防止学生因为缺乏必要的性知识而误入歧途。

2.增强实践对接

只有通过实践才能使职校的法治教育的效果落到实处，形式多样的实践活动不仅有利于丰富学生的法律知识，更有利于学生法律素养的整体提升。

（1）设立实践基地。实践基地的确立很大程度上能激发学生的参与热情，激发职校生提升法律素养的积极性，起到潜移默化的结果。特别是模拟法庭等活动，将能大大打破课堂限制，带动学生积极性并且加深深层次思考的问题。实践基地的建立可以将校内外的资源有机整合，既可以在校内设立相应的设施，也能与企业建立长期合作的关系，将其视为校外实践基地。

（2）组建法律社团。学生社团在职校生活中扮演着十分重要的角色，并且受到了很多学生的欢迎。学校的支持也对社团的发展有着重要意义。此外，还可以由理论造诣深厚的老师指导社团，从事法律服务相关的实践活动。

（3）开办法律诊所。法律诊所是一种类似医学专业培养实习生的教学模式。

将会对法律知识的应用起到良好的促进作用。此种模式将为学生提供真实的案件案例、参与办案的机会。在完成其他学业任务后，学生可以通过和真实案件的接触进一步了解法律工作的开展。同时，这样对学生的法律素养提出了较高的要求，如果法律基础不够，可能只能从事一些简单日常的工作，参与一些信函的回复。要准确、及时地回复每次来信，参与者也要有极大的耐心和极高的热情，遇到困难要迎难而上，通过翻阅书刊、咨询相关人员来解决问题，在老师的指导下，还可以直接参与一些接触性的任务或代写文书等。

（4）营造法律文化氛围。法律文化是校园文化的重要组成部分，法律文化活动的开展是职校生法律素养提升不可或缺的动力。学校应该主动承担起打造校园文化的义务，积极开展法治讲座、学生辩论等活动，为职校生学习前沿法律知识创造机会。举办演讲比赛、法律文书大赛等具有法律性质的活动，调动学生参与的积极性，使其发挥在学习上的自觉性，还可以将法律知识融入相声、话剧等学生喜闻乐见的形式之中，寓教于乐。

（四）开辟第二课堂，完善考核体系

法律素养的提升仅仅依赖课堂是远远不够的，只有积极挖掘和开拓创新学习平台才能更好地提高法治教育的效果。学校可以尝试课后辅导的方法，建立课外问题讨论群，引导学生思考困难案件，教师可以利用小组讨论的形式，多对学生进行启发，培养学生理性、讲逻辑的能力，开设法律专业课程，树立榜样的作用，让有出色法律能力的学生能更好地发挥自己的长处；将法治教育纳入学校管理水平、教师业务水平考核，科学全面地进行评估。

第三节 "互联网+体验"教育新模式

"互联网+"目前已经不再是一个很新颖的说法，这是互联网和基础产业深度融合的结果，但是每当互联网又和新的产业进行融合时，"互联网+"又变成了一种百年未有的新行为。"互联网+"职业体验、产教融合的人才培养模式的改革策略是以大数据、云计算等信息技术为基础，让互联网思维成为创新驱动力，形成现代技术深度贯穿人才培养模式全过程的现代教育理念。将"互联网+"作为人才培养的一种驱动力，形成以促进学生全面发展为核心、以适应各方利益需求和社会人才需求为目的的培养模式，推动教育数据化、人才数据化的新格局。通过"互联网+"的内涵和特点，提出复合化的培养目标、动态化的课程体系、互动化的教育模式、共享化的资源分配方式、学生学习效果综合化的人才培养新路径。

一、互联网技术给职业体验带来新保障

互联网技术具有构想性、沉浸性和交互性等特点，非常贴合职业体验的需要。目前随着3D技术的应用，建模技术已经能够十分真实地再现现实中的物理场景，VR、AR和MR技术更是让虚拟和现实边界进行模糊，交互功能能让虚拟世界更向现实靠近。这能让学生体验到现实中不经过专业训练难以接触到的岗位：军人、飞行员、消防员等。在互联网打造出的虚拟世界，可以将现实中的具有一定危险性质的工作还原到虚拟世界，让体验者可以在虚拟世界感受现实世界的职业，通过技术的堆叠，甚至还可以体验到现实世界体验不到的乐趣。

二、互联网技术增强职业体验的深度

互联网技术日趋成熟，为系统开发职业体验资源提供了新的技术保障。任何职业都可以借助3D技术，借助Maya、3dMax等建模软件进行场景再现，借助Unity3D、Unreal Engine4等引擎进行平台开发和工作场景的交互设计。现实世界中有着庞大的职业体系，每个体系的具体分支可以幻化出不同的职业角色，在职业场景中完成相应的职业工作内容。丰富的职业体验可以帮助体验者发现、了解对应的职业，寻找契合自己兴趣的职业。通过多领域的对比和体验，加深对同一领域不同岗位的特点的需要，最终形成个人对职业的认知。

三、互联网技术让职业启蒙教育和时代需要接轨

职业的种类和职工的种类不是一成不变的，随着技术的发展，对职业的岗位的要求也需要信息化，一些岗位在信息化的过程中也逐步被淘汰。互联网技术可以做到再现职业的同时也可以不断根据变化进行岗位内容更替和更新，随时扩充职业种类，最大限度满足职业启蒙教育的多样性和系统性需要。

四、互联网技术促进教育协同、均衡发展

中国幅员辽阔，职业教育存在着地区发展不平衡的情况，在一些偏远山区，当地本身就缺乏丰富的职业岗位，这对职业教育是一个不小的挑战。5G 技术、虚拟现实技术将职业启蒙平台完全打破时空限制，建设成一个共享型的平台，全国各地院校皆可通过网络进行连接，实现资源共享，这将对职业教育的发展和调节区域进步起到不可忽视的作用。

五、职业启蒙教育平台框架设计

职业启蒙教育的目的是激发个人在职业方面的潜能，推动整个职业教育的发展。若能让体验者切实体验到现实职业中的具体内涵，可做出如下设计：

（一）设计模块化平台

基于现实的沉浸性、构想性和交互性三大特征，平台开发的功能要不断满足体验者在虚拟职场中进行漫游的体验需要。职业体验的操作需求决定了平台需要提供充分的交互功能。面对庞大的用户对象，平台的用户管理系统必须科学、准确，需要对用户的体验信息进行规范的管理，这就需要强大的后台数据库。将体验者的信息采集、整理、分析，结合现代科学知识生成诊断报告，形成一份客观、科学的职业体验信息报告，帮助学生提升认知，也可以在一定程度上揭示人与工作的关系、人与劳动的关系。简而言之，漫游功能、数据存储和分析功能、人机交互和人际交互功能、信息分析和反馈功能都是系统功能的重要组成部分。

（二）职业体验平台导览设计

于城市漫游后，体验者可以随心切换职业进行体验（图6-3），穿梭在城市之中，体验者可以见到与我们生活密切相关的场所，不同的场所有着不同的职业等待着体验者去激活，漫游是体验者对城市职业结构进一步了解的最优方式，对社会职业结构有一个宏观上的认同，体验者还需要结合自身实际，探索整个社会系统运作过程中职业与职业之间的互相联系。通过对具体某个职业的体验，能够对各种社会功能有着更加深刻的认识，了解社会整体功能和所关注的职业在社会中

存在的价值和意义。

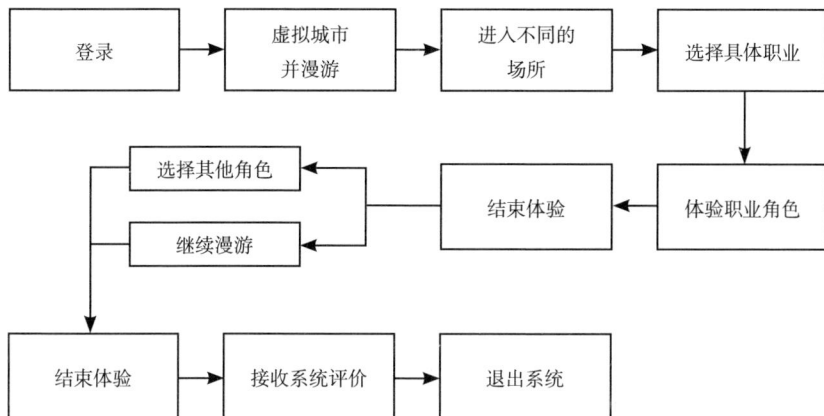

图6-3 基于虚拟城市的体验流程

职业启蒙本身不是改变人的活动,而是认识人的活动。通过职业体验来实现自我认知,认识自己、了解自己。在城市漫游是体验者寻找职业和体验职业的过程,形式上可以看出体验者潜在的职业倾向和心理倾向。体验结束后的平台分析,能给体验者提供有效的参考,进一步帮助体验者完成对自我的认知。著名心理学家让·皮亚杰提出认知发展理论,职业启蒙教育不可能一劳永逸。一个人的认知结构也在完善和进一步优化的过程中发展,一个人的兴趣并不会完全贯穿他的一生。所以,职业启蒙教育要反复进行,保持教育频率和教育理念更新,帮助学生不断认知自我,帮助学生建立稳定的职业倾向。

(三)平台开发关键技术

一般的虚拟系统需要由专业图像计算工具、应用软件、输入设备、输出设备组成❶(图6-4),互联网技术本身就带虚拟性、共享性,这就保证了体验的多样性。同时,这也意味着平台的搭建需要投入巨大的人力和物力,才能将计算机影像、智能接口对接、传感器技术和网络通信技术综合协同。凭借共享性和合作开发的原则,几大院校甚至全市职业技术院校都可以投入研发,合作共创、结果共享。基于一般虚拟现实技术的系统基本结构,结合平台开发的实际需要,通过图像方式进行技术解构(图6-5)。

❶ 车敏,拓明福,柳泉.虚拟现实系统及其关键技术的研究进展[J].物联网技术,2018(4):93-94.

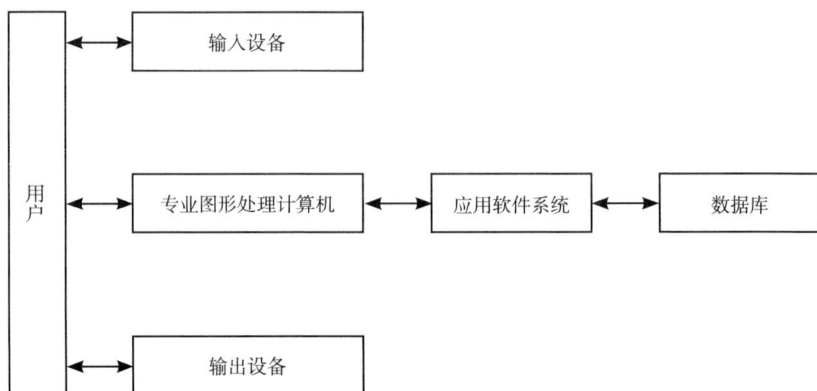

图6-4 虚拟系统基本结构

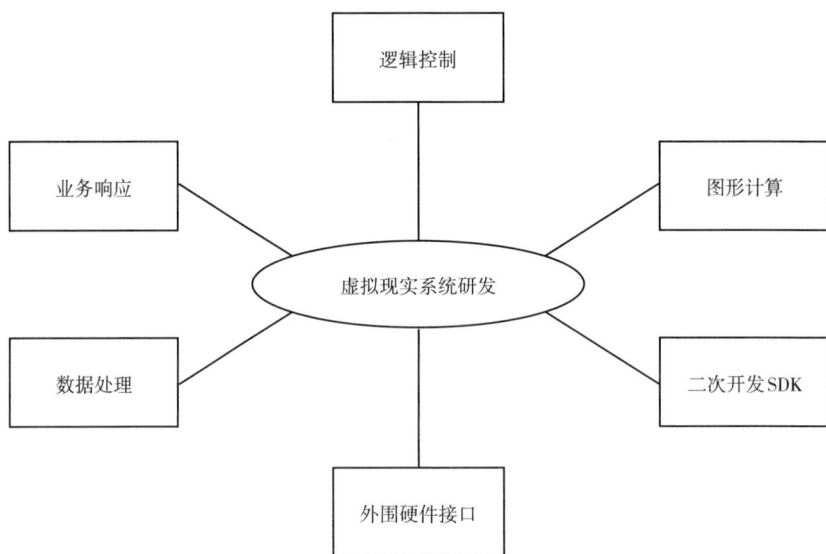

图6-5 职业启蒙虚拟系统技术图解

随着科学技术的发展，物联网可以将万事万物与网络挂钩，体验者可以在虚拟世界增强感官上的体验。最终将大数据技术融合到信息技术平台中，通过对体验者个体或团体的体验记录进行相关信息的科学分析，形成一份对个人有参考价值的职业测评报告，这对学校的培养也有着独特意义。❶

---

❶ 李永民，纪克玲.浅谈虚拟现实技术应用对未来多领域的影响［J］.职业，2019（19）:124–125.

第三部分

青少年的职业规划与发展

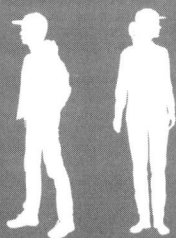

第七章

新时代职业操守

职业操守是从业者职业心理和职业规划在实践中的综合体现。劳动者的职业操守直接关系到劳动成果的社会可接受性、劳动效果的发挥，关系到劳动者职业发展动力的生成，也关系到劳动者自身的发展。

第一节　业务精通：彰显职业价值

业务精通的最低要求就是劳动者需要爱岗敬业，热爱职业，关心自身在职业环境中所获取的成长以及在职业化道路上的发展。爱岗敬业也是社会主义职业道德的基础，是对所有岗位的从业人员最基本的要求。只有爱岗敬业，才愿意投入时间和精力到提升自我劳动效率上来。最终劳动者能在自身的领域中脱颖而出，成为一名出色的劳动者，实现业务精通。

一、爱岗敬业，为提升自我奠基

（一）爱岗敬业理念解析

爱岗就是热爱自己从事的工作岗位，热爱本职工作。劳动者需要以正确的劳动态度看待劳动内容，在劳动范畴内不断进步和获取物质及精神上的满足，培养自身的荣誉感、集体感，对工作认识明确，情感真挚，在实际工作过程中，勤于思考，充分发挥自己的聪明才智，表现出极大的工作热情。

爱岗是对人们工作态度的一种十分普遍的要求。社会的每个岗位都是社会运行的一部分，是社会分工中不可缺少的一个环节，每个岗位都承担着独特的社会职能，从业人员在岗位中扮演一个公共角色。现阶段，这种分工不仅能给从业人员带来经济上的回报，还意味着社会成员拥有了一个获取社会认同的身份。因此，工作不仅仅是一个谋生手段的问题，爱岗更是一切从业人员精通业务的前提。职业技能并不是天生就有的，后天的努力和学习对劳动者的职业化有着决定性的意义，兴趣是最好的老师。从业者真正热爱从事的职业内容，才能主动思考工作效率的问题，寻找优化和解决方案。此外，劳动者责任心也来自对从事行业的情感。职业活动中，拥有责任感和事业心的劳动者，首先都能对职业产生深刻的认识和热爱，只有热爱劳动岗位，才能把体力、智力的付出当成一种乐趣而不仅仅是谋生方式；满腔热情地从事一份工作，能在职场焕发出极大的进取心，产生源源不断的工作动力。

敬业就是要以一种严肃的态度对待从事的职业，勤奋上进、遵纪守法、谨慎稳重、尽职尽责。如果爱岗是工作中的感性行为，那么敬业就是理性体现。中华民族自古以来就有"敬业乐群"的传统价值观，韩愈称之为"业精于勤、荒于嬉"。敬业的核心一定是严肃和认真，精益求精。今天，随着技术的深入发展，社会也在发生深刻变革，人才流动也在逐步加快，但是无论如何变化，敬业体现得更多的是一种主人翁的精神，是社会永远提倡的精神。

敬业有着十分具体的表现，大到忠于社会主义事业，小到对个人从事的事业中细致入微的任务也要尽心尽力完成。从历史上讲，敬业是我国工人阶级的优良传统，无论是战争年代，还是社会主义建设时期，我国工人阶级不辞劳苦、不畏牺牲，凭借一腔热血，将我国从无到有、从有到强地建设了起来，在中华历史上留下了浓墨重彩的一笔。因此，从广义上讲，敬业是我国人民强烈责任感的真实写照，是广大劳动人民职责和思想行为的具体化，是价值观、苦乐观的体现。从狭义上说，敬业是一个工作者思想觉悟和工作态度的反映，对整个劳动者队伍有着重要意义。

爱岗和敬业不是一梯两面的关系，而是相辅相成的关系。爱岗是敬业的基础和前提，有"爱"才有"敬"，岗位和事业也不例外。有爱心，才能安于工作之中，并且在从事行业内取得瞩目成绩。敬业是爱岗的具体表现，是对爱岗的进一步升华，是对职业负责的体现。只有对岗位多一份尊敬，才能多一份认同，才能不断钻研业务，扩充理论知识，提高职业技能。没有坚实的职业基础，也不能做出出色的成绩，爱岗敬业也成了无稽之谈。作为职工，必须把对本职工作的热爱融入职业工作的过程中去，要用对岗位的热爱，去推动自己在职业化过程中获取优异的成绩。

（二）从敬业到精通，实现职业成长

爱岗敬业有着不同的具体表现和表现层次，这个层次变化的过程，也是劳动者从满足最基本的岗位需要，到逐步满足高等水平要求的过程，在这个过程中，劳动者自身的综合素质也在逐步提升，劳动者业务能力在逐步精进。

第一层次，为了谋生而被动热爱岗位。虽然该层次是被动的，但确是高度爱岗敬业的基础，这主要由职业的竞争性决定的。从业者意识到职业的不稳定性和变化性，不得不珍惜已有的工作岗位，尽管这个岗位可能与心理预期不太对应。在现实生活中，这个层次的从业者有一定占比，在这个层次上，一旦外在的竞争消失，这种精神也会迅速消失。

第二层次，是为了责任而爱岗敬业。这是基于对自我负责、对家庭负责，而后是对社会负责的责任感。前者是劳动者的自我责任，后者是劳动者的社会责任。我们强调社会责任，但是个人责任感强烈的人，往往社会责任感也会更加强烈。从心理学的角度来看，一个人只有对自己负责，才能对他人负责，自我责任感支配下的爱岗敬业虽然有被动的成分，但是主动的成分会更多一些。

第三层次，是因为兴趣而爱岗敬业。一个人如果能够从事与自己心理预期相一致的工作，自然也能从工作过程中获取一定的乐趣。行为心理学家认为，兴趣激励下的工作状态，是劳动者最佳的工作状态。这时的从业者不仅更富有创造性，而且也不会对报酬回馈那么敏感。所以，一些优秀的企业总是在努力为职工创造一些优良的工作环境，甚至允许职工选择自己喜欢的工作岗位，尽可能满足职工的兴趣需要，使员工的敬业程度发挥到最大效果。

第四层次，也是最高层次，就是从业者意识到自己工作的意义而爱岗敬业。"人的意义是什么？"这不仅是个哲学问题，也是一个现实的问题，人生一世，可以肯定地是不是为了单纯的活着，还应该有生命独特的意义。我们的终极目标是共产主义，将自己有限的生命融入无限的为人民服务中去，从而产生爱岗敬业的精神，这必然是一种发自内心的感慨。这是最高层次的爱岗敬业，是人们辛勤劳作的不竭动力。

爱岗敬业的层次是不断提升的，从业者职业稳定、生活安定时就会考虑个人责任和社会责任，当职业内容令从业者感兴趣的时候，他就会更加努力地实现社会价值，满足精神需要。这对劳动者个人发展有着很强的意义，因为劳动者的态度是一个逐步变化的过程，这种变化的积累往往也是因为劳动者本身职业综合素养的提升，正是这种提升又给劳动者带来了物质和精神上的双重回报，这再次促进了劳动者心理情感的变化。在这个变化的过程中，劳动者的素养和情感呈现出相关且同步递增的关系。最终，不断进取的劳动者会达到精通业务并且情感满足的状态。

二、业务精通的重要意义

爱岗敬业、业务精通是社会主义道德建设中的一个基本内容，而且是一项重要的内容。市场经济对以往的职业观冲击巨大，随着人们职业观念的变化，敬业精神的强弱和业务能力的高低对企业和个人发展都有着重要意义。

（一）业务精通是时代的迫切需要

一个社会是由多种岗位组成的有机整体，每个人都在自己岗位上通过特定的职业内容来实现自身的社会价值。爱岗精神可以调节个人和社会的关系，可以说是社会主义精神在职业活动中的具体化。业务能力的高低也和敬业精神有关，出色的业务能力是一个人获取社会认同的必备条件，这不仅需要教育的启发，更需要后天的持续学习。

21世纪，人类社会进入一体化进程，激烈的国际竞争对各国人才提出了新的标准，且是更高、更严格的标准，业务精通甚至成为一种人人必备的素质。离开持之以恒的劳动，没有爱岗敬业的精神灌注，没有精通的业务水平，就很难在国际人才竞争中取胜。因此，无论是一个民族还是一个时代，业务精通的人才越多，时代发展越迅速，民族就会越强大。

（二）业务精通是经济建设的直接保证

人是理性的，消费者的市场行为也需要考虑产品的经济价值，经营者在争取利润最大化，这都是市场经济正常的现象，且是市场经济正确运转的体现。市场经济中，市场主体是逐利的，各主体都在保证自己利益的最大化。这种竞争，一定程度上也是买方和卖方之间的竞争，但是双方的竞争要以合理的思维、合法的方式进行，不然就难以促进经济的发展，甚至会搞乱经济。竞争应当遵守一定的市场规则，因为市场交易过程中，不仅是实物和劳动产品的交易，还有劳动、技术、资本、产权的交易，没有秩序保证，很多虚拟产品的交易便无法完成。

市场经济是一种自由的竞争，人才和规则永远是自由交易的保证。在市场经济条件下，人们可以选择适合自身业务能力并且能发挥特长的职业岗位，但随着社会的发展，新的岗位不断出现，一旦劳动者选择了一个全新的工作岗位，并想在激烈的竞争中获得生存和发展的有利地位，实现自己的职业价值，依托职业身份获取价值认同和物质认同，就必须爱岗敬业，努力工作，提高劳动生产率和工作的质量。一个从业人员只有在自己的工作岗位上兢兢业业、精益求精，才能在激烈竞争中立于不败之地；相反，一个没有爱岗敬业精神、不履行职业责任的人，就会被职业组织所淘汰。因此，社会主义市场经济呼唤职业道德，同时也需要业务精通的人才，而实现职业技能的提升又依赖于人的理想信念，依赖于爱岗敬业精神，只有在职业队伍中形成人人讲道德、人人懂技术、爱岗敬业的氛围，才能保证队伍建设朝着正确方向健康发展，为经济建设服务。

（三）业务精通是劳动者实现事业理想的重要手段

在一个组织内部，要弘扬爱岗敬业的精神，树立不断进取、业务精通的风气导向，让更多员工潜心于事业，或者让劳动者的智力和能力发挥最大效应。因此，求职者是否有着强烈的求知欲，是否具备爱岗敬业的精神是用人单位选聘的一个重要标准，因为这也是一个员工逐步成长所必备的心理条件。

在社会主义伟大事业的建设过程中，可以说任何社会所需要的职业都是有意义的，都是社会主义建设过程中不可缺少的一部分。许多岗位看似平凡，却是人民生活不可或缺的一部分。为此，社会必须给不同岗位的劳动者同等的社会评价，不能以物质收入的高低、劳动形式的特征区分，而应以劳动者的品格、劳动态度和对社会的贡献进行评价。业务精通就是要通过专心专职途径实现人生价值，珍惜当下岗位中能发挥创造力的部分，这有可能是劳动者创造人生价值、实现自我超越的良机。

生存是人的一种本能行为，职业的基本功能就是满足劳动者生存的基本需要，而劳动者的生存和发展则是一个人的社会需要，是对个人价值和生命意义的拓展。我国正处于社会主义的初级阶段，国家建设还有很长的里程。一旦人们对所处的行业在能满足其基本需要的情况下，还有可供其发展的空间，劳动者往往能建立高度的认同感和责任感，实现自我在行业内的发展，这对国家的进步有着极强的意义。当一个人在进步中实现了个人意义的时候，他的社会价值往往也能实现。

不同的职业和不同的岗位，其职业内涵有着很大的不同，业务精通的具体表现也不同。特别是在市场化高度发展的今天，职业分工越来越精细，职业岗位之间的相互依存性也越来越强。因此，任何一个岗位都是和整体相联系的，都有着为人民服务的性质，具有明确的利他性。树立爱岗敬业的意识，培养精通的业务能力，是实现社会价值的有效途径。从个体角度出发，每个个体都是社会的一份子，承担着建设社会的责任。因此，职业既是个人的也是社会的，任何一个职业既可以反映社会职能的专业化，也能反映个人地位的社会化；既有社会价值，也有个人价值；既是利他的，也是利己的。

三、业务精通的行为要求

岗位是人生的舞台，是一个人施展才华的场所。在工作岗位上发扬爱岗敬业的精神，才能成就个人理想、实现自我发展。具体有以下几点要求：

（一）热爱本职，忠于职守

"热爱本职"是指从业人员热爱所从事的行业岗位，也就是俗话说的"干一行，爱一行"；"忠于职守"是指从业人员忠实履行责任和义务。这两者是互相联系的，热爱本职是忠于职守的前提，忠于职守是热爱本职的表现。

劳动者需要建立高尚的职业情感道德。职业情感强烈的劳动者，能从内心产生一种对所处职业的深刻理解，因为热爱而热衷。强烈的职业荣辱感，能驱动劳动者在履行职业责任的实践过程中，自觉执行职业要求，不会在从事职业劳动时，进行投机取巧的行为。劳动者要充分敬重本职工作，讲究职业道德，这不仅是对自我人格的尊重，也是对全社会的贡献。忠于职守、尽职尽责是对每个职工最基本的道德要求，也是职业生活能够正常进行的基本条件，无论任何职业岗位都承担着一定的社会分工任务，这在客观上要求职工要严格遵守行业内的规章准则，并承担职业活动所产生的社会后果。只有每个职工都认真履行自己的职责和义务，整个组织才能平稳运行，整个社会才能保持稳定发展。

（二）钻研业务，精益求精

"钻研业务，精益求精"是爱岗敬业的必然结果和具体表现。爱岗敬业不仅需要对本职岗位真心热爱，更重要的是还要将热爱转变为一种实际行动，这就是"以其爱事其业"，是"精业"的表现，现代的社会门类在向着精细化的方向发展，具体的工作内容也向专业化发展。各行业的劳动者仅仅做到乐业还是不够的，要实现更高的敬业才能更好实现自身价值。

我国经济体制改革的目标是建立完善的社会主义市场经济体制。在市场经济阶段，竞争是市场的一部分，也是市场进步的动力，竞争规律是市场经济运行的法则。在市场经济中，企业要发展就需要提供脱颖而出的产品，这也必然要求从业人员和所持技术的同步提升。同时，市场经济也提高了人才竞争的激烈程度，随着我国教育普及程度的提高，个人也开始注重自身学历、技能的提升。每个职工也需要树立昂扬向上的意识，在工作中保持学习的热情，在学习中不忘实践的要领，在实践中树立与时俱进的意识。

每个职业不仅需要熟悉本职务范围内的工作标准和各环节上的要求，还需要练就各种和职业生活有着千丝万缕联系的本领，努力掌握先进科技和文化知识，并将这些转化为富有成效的实际行动。这就要求每个劳动者要以严肃的态度对待自己的本职工作，认真敬业、不得马虎。特别是从事高精尖和医疗器械制造的岗位，更是不能有着丝毫的粗心。此外，现代技术飞速发展，职业活动的领域在不断地延伸，每个劳动者都需要保持谦卑的心态，熟悉业务概念，不断加强业务能力和提高技术水平。如果一个劳动者只有敬业这种良好的愿景，却没有成为"精通型"人才的各种素质和自我提升的实际行动，这就很难让人认为其是真正的爱岗敬业，也不会真正成为一名出色的劳动者。"爱岗敬业"可以是一句鼓舞的口号，但必须是能落到实处的口号，而"业务精通"则是一种对劳动者褒义的评价。行动和实践是将口号落到实处的保证，在岗位上成才，在本职工作中建功立业。因此，在受教育阶段培养学生终身学习的理念十分重要，保证学生在走向职场的时候仍然能对学习保持热情，不断学习新的知识，刻苦钻研职业学问。掌握服务本领，不断提高职业技能，最大程度发挥聪明才智，只有这样才能不断适应新形势和新变化，成为本职岗位的人才专家。

（三）锐意改革，开拓创新

"锐意改革，开拓创新"是社会主义劳动者最能体现自身精神面貌的规范，是指劳动者不满足于现状，并且用独特的眼光发现问题，用心去解决问题，在现有的条件上不断前进，创造新的产品。

拥有创新思维的第一步就是建立创新意识，这必然是向封建迷信、墨守成规的思想宣战。世间万物，变动不居，每个民族都有着自己民族独特的价值认知和思维定式，这是每个民族赖以生存的文化瑰宝，但是这种文化也可能成为现代发展的阻碍。例如，在封建社会"重男轻女"的观念应当摒弃，新时代强调人人平等，禁止性别歧视。当代职业女性更是需要从自身树立"谁说女子不如男"的信仰，勇于展示自身长处，在擅长的领域做出突出甚至是突破的成就。提高创新能力，必须打破守旧思想的限制，摒弃安于现状的思维定式。要有逢山开路、遇水架桥的勇气态度，不断积累经验。开拓创新是当下社会最需要的职业意识之一，这需要有坚定的职业目的。创新不是一个灵感的激发，而是一条坎坷的路程。社会主义的各项基本活动都是为了满足人民群众需要而进行的，这种需要是多元化和深层次的。显然，劳动者只精通当下的生产环境是远远不够的，这就需要职工敢于冲破陈规旧俗，改革不适应当下发展需要的陈旧观念和技艺水平，在职业岗位上推陈出新，提升业务内涵。具体来说，就是职工在精通业务的基础上，主动适应社会发展形势，大胆尝试对既有形势的变革。

创新的形式和内涵多种多样，有理论创新、体制创新、科技创新。首先，理论创新是认知形成的基础，是人们从现象到本质的深刻把握。其基础性体现在先导性上，对人类行为和社会规律具有一定的预判作用。对于人类创新有着重要意义。其次，体制创新是保障，无论是取得社会主义建设的顺利发展，还是保证一个企业的正常运转，科学高效的制度管理总是必不可少的内容。最后，也是最具有实效性的一点，就是科技创新。科技的每次革新，都能给生产力带来巨大的变革，当今社会，科技和各行各业的发展已经密不可分，科学的新发现和发明对行业发展和综合国力的提升有着巨大的作用，对劳动者自身的发展进步也有着十足的积极意义。在一定意义上，哪个国家的科技先进，哪个国家就能在国际竞争中占据有利位置；哪个从业者拥有先进的科技，他就能在行业中取得出色的成果。开创拓新需要不断拓宽新领域，并将新的成果应用到行业内，这样才能创造新局面。

加大改革力度，积极参与竞争。市场经济讲竞争，行业有行业之间的竞争，国家有国家之间的竞争，这也是市场经济不断发展、行业不断取得新成就的动力。竞争不可避免地会出现优胜者和劣出者，这也是市场更新的法则和不变的秩序。机遇往往诞生于竞争之中，要想抓住机遇，就需要劳动者勇于挑战，有锐意进取的意识和开拓创新的精神理念。

由于新科技的应用，各行业都在加紧捕捉新的机遇，抓住经济调整的新结构。市场经济不仅不排斥竞争，还要鼓励竞争，打击垄断行为，其中就酝酿着许多机遇，也有大量的风险和困难。要在激烈的竞争中实现成长和进步，就必须依托大量的眼光独特、具有创新意识的人才。改革开放四十年来，我国发生了深刻的变革，生产力极大发展，人民的物质生活水平在逐步提高，经济管理制度和社会调控机制都在进行大规模的调整。人们所熟悉的一切内容都会进行调整，大量的新事物、新思想不断涌现，这就要求劳动者不断学习、去鉴别、去扬弃。新的管理体制和运转机制以及与之相适应的一切并不能自然形成，更不可能自发完善，人才是驱动社会发展的关键因素，只有不断推动革新，我们才能在全球竞争中立于不败之地。

第二节　服务社会：塑造职业形象

服务社会是社会主义职业道德的一大特征。社会主义建立在公有制的基础上，人民当家作主。因此，劳动者必须把奉献社会当作最重要的职业规范，作为自己职业的终极目的。

一、服务社会的内涵

服务和职业不是冲突和对立的关系。社会主义建立在公有制为主体的经济基础之上，服务社会被赋予了新的内涵。每个劳动者都需要对服务社会有所认识和理解，化为职业动力，并付诸行动到日常工作中。

这里强调的服务，并不是放弃本人或本集团的利益，去完全谋求他人的利益。而是在保证自身利益的过程中，去发现更大的价值，去创造超越自身的价值，去更好、更多地满足他人和社会的需要。并且，当个人利益和国家利益冲突的时候，会毫不犹豫地选择国家利益。

对于劳动者而言，服务社会就是在职业活动中，不仅仅是以追求报酬为单一的劳动目的。服务社会是社会主义职业道德的最高要求，是为人民服务精神的直观体现。服务社会需要从业人员在岗位上树立职业理想，兢兢业业完成工作。

一是服务社会有着明确的服务对象，那就是国家、集体、人对社会的奉献是社会成员的基本责任。二是明确服务的个人条件。人对社会的服务是有条件的，并不是所有人都具备同等的服务能力和服务意识，服务能力和服务意识构成了人对社会能做出服务的个人条件。三是明确的服务时机。这种时机取决于何时满足社会需要。一般来讲，这种需要是指经济、政治、科学、文化、道德几个层面的需要，出现在人民利益需要的时候、国家安全需要的时候、社会稳定需要的时候等。四是明确的服务内容。社会成员能向社会提供的服务往往是劳动成果、体力、智力、财力、甚至是生命。五是明确的自愿性。奉献的自愿性指的是人在进行社会服务时的一种忘我的精神，这是传承历史文明、发展历史文明、创造新的文明的过程。服务社会意味着在具体工作中，精益求精、不局限在付出劳动和获取对等劳动报酬的过程中，以积极的心态，树立对工作的高度责任感。

服务社会的实质就是奉献。奉献是指义务性地为国家或者公众提供无偿服务。任何岗位，合法地获取劳动所得，怀有认真的态度，其实都是一种奉献。如果能做到不求回报地付出，那是社会主义职业道德的最高境界。奉献精神是高度社会责任感的体现，是中华民族传统道德的精神支撑。奉献精神体现了一个人对职业的态度，对人生意义价值的追寻。强调劳动者发扬奉献精神，这和多劳多得的分配方式并不矛盾。市场经济模式下，实行按劳分配的制度，这与奉献精神并不存在根本的冲突，为企业付出巨大的员工，可以获得企业和企业职工的认同，给予其物质和精神上的回报。名利双收本身也是奉献者的权利，但是必须明确的是，这可能并不是奉献刻意追求的结果，而是社会道德评判的结果。一旦以博取名利为最终目的，而不是基于内心的想法付出劳动，就失去了奉献的本义。

从总体来看，职业活动可以分为物质生产活动和精神生产活动。这是社会生存发展的基本条件，物质生产能给人们生活带来基本的生存保障，精神生产给人们带来文化上的丰盈。作为职业道德的基础，奉献社会具有以下特征：一是非功利性。非功利性是奉献社会的本质属性，不管奉献的形式如何，不管提供何种结果，均为非功利性质。从目的上看，劳动者不以功利作为最终目标。这首先要求劳动者在职业上已经达到谋生、发挥特长的劳动水平，在此基础上去追求服务社会和人类的高尚品德思想。奉献社会是从业者为人民服务和充分实现自我价值的职业追求，将所从事的职业倾注强烈的情感，并投入大量的时间精力，并将生活和职业进行优质组合。从态度上看，从业人员付出的劳动是积极和努力的，总是用热情的态度去对待职业生活中的突发情况。从业人员一旦形成了这种境界，就会对本职工作如痴如狂，因为在他看来，战胜工作中的困难反而是生命中的乐趣所在。在这个境界上，无论是对本职工作的刻苦钻研，还是对所从事职业利益的追求，都幻化成了一个人的信仰，实际收益的高低都无法阻碍他获取成果，这就和先辈在大漠戈壁研究原子弹、在无垠冻土搜寻油气田一样。纵然前途坎坷，也从未停下步伐。二是普遍性。奉献精神是对全体在业人员的要求，并不是对某个特定群体的特殊任务。对于从业人员来说，奉献是人人皆可为的结果，并且并非难以做到，关键在于从业者的心态。奉献精神是从业人员在敬业精神上进一步发展得来的，如果敬业精神是一种严肃的崇敬之情，是从业人员将价值和职业紧密相连的过程。那么，奉献精神则是完全将职业人生作为意义和乐趣的源泉。在职业活动中，自身的劳动使命和生命的意义融为一体。从业人员一旦达到这种境界，就会全身心投入职业建设和社会服务中去，在职业活动中成为一个高尚的人，一个纯粹而自由的人，一个脱离了低级趣味的人。

二、服务社会的意义

企业是社会的基本经济单位，是国民财富的重要创造者。社会发展、民族振兴都和企业有着不可分割的关系，离开企业的支撑是不可想象的，而这种作用的发挥，是基于整个企业的奉献来说的。离开了对他人、对社会的服务，不承担责任的企业，既不会赢得社会道德的认可，也终将会被市场所抛弃而陷入风险和危机之中。在社会主义现代化建设过程中，树立社会职业道德观念，有利于推动经济社会的发展，促进社会繁荣与和谐。

奉献精神是从业人员履行职业责任的必由之路。任何企业都需要认真负责的员工，而能否成为一个立足企业、并成为受人重视的员工，服务意识是十分重要的。从一定程度上讲，服务是从业人员的必由之路。

从业者都应该有着履行从属职业的责任。这首先是个人责任的一部分，是自我产生的责任意识。职业责任和职业行为是相辅相成的，既包含了职业场所和职业行为本身的客观规定，也凝结了劳动者对工作内容的关注度和行为方式的不同。一般而言，管理者承担的责任要比一般职员的责任更重一些。然而，无论职责的高低，所秉承的服务态度和服务意识应该是一致的。其次是对集体的责任，既包括了职业场所和职业行为本身的客观规定，也凝结了劳动者对从属职业内容的关注和参与度，每位劳动者都必须在从事职业行为之前就建立起明确的职责意识，对工作尽心尽力。最后是对社会的责任和义务。任何社会成员都是社会的一分子，承担着独特的社会责任。社会通过社会分工将社会职责划分给每个社会成员，因而每个从业者都应该承担一定的社会责任，做出应有的贡献。每个职业的内容都需要由具体的从业人员来完成。从业人员必须明白自己的职业和社会之间的关系。

服务社会是维系良好工作关系的纽带，是每个社会成员需要肩负的责任，现在社会生产已经向着专业化发展，对员工的综合素质要求越来越高。任何行业都形成了你中有我、我中有你的交融关系，这个关系最基本的运转要求就是互相服务。离开这一点，最简单的工作流程也难以实现。

第三节 青年公益：传递青年正能量

自中华人民共和国成立后，青年就担当起重要的历史使命。作为社会变革中最活跃、最重要的组成部分，青年一直是公益事业的领先者和实践者。"青年公益人"作为一个方兴未艾的群体，在今天也发挥着重要的作用。

一、青年和青年公益

我们将从事公益行为的青年称为青年公益人，即以公益为职业或者半职业，立志帮助社会人群、服务社会大众，帮助社会解决问题的有志青年。职业就是青年借此事业完全获取生活保障，而半职业是指部分青年公益人将公益事业作为自己工作的一部分，投入了较多的时间，但是并不需要在这里获取完全的薪酬保障。青年公益人包括青年志愿者、青年爱心人士、青年文化人士、青年社会工作者等，但是将公益和志愿服务作为生活方式，就需要将公益活动融入职业发展中，将公益行为成为生活要素。当代中国青年公益人群群体正在快速地发展，其中的社会背景是多样的。

（一）市场经济机遇

市场经济改革让青年拥有了追求经济利益、物质利益的意识，这恰恰是市场经济改革的目的和成功的表现，市场经济下的青年就应该用合法的方式追求经济效益。同时，市场化改革也为青年提供了竞争的机会和选择的自由。市场经济模式下，青年既可以选择就职单位的所属性质，也可以根据兴趣和爱好选择到公益社会组织中入职。市场环境给了青年巨大的空间，为青年进入公益事业提供了更多的机会。

（二）社会治理的需要

中国的社会是开放和包容的社会，允许多元化的存在。然而，如何做到"多元不混乱、共治不冲突"是转型过程中最大的问题。青年公益需要青年跳出个人利益的范畴，去为公众利益服务。青年公益人更多的是从社会大众的视角看待问题，从多元合作的角度寻求问题的解决方案，从理性的角度来采取行动。这样，青年公益人就成为"多元和共治"的实践者和代表者。目前，大多数的青年都在社会组织中发展，他们不仅用个人行动参与社会协调工作，还会影响其他社会成员来理解和贯彻政策方针的变化，成为促进社会和谐的积极因素，有利于和谐稳定的社会。

（三）城乡流动机制

自改革开放后，中国社会结构开始发生重大变革。城乡流动呈现出普遍、多样、频繁、灵活的特点。早期的城乡流动以青壮年"进城务工"为主，一批"低文化、低技能"的劳动者为了谋生和发展进入较为发达的城市，从事基础建设之类的工作。现在更多的是一种"互动"，随着我国高等教育的普及和城市现代化事业的发展，农村青年也可以顺利完成高等教育并进入城市从事"高、精、尖"的工作，也有青年为了更便捷的生活向城市流入；同时，随着我国脱贫攻坚的任务取得节节胜利，乡村抛去了"落后、贫穷、脏、乱、差"等消极标签，转而呈现出一派"社会主义新农村"的面貌，知识青年下乡创业、旅游、从事现代化农业生产、研究"智慧农业"已经屡见不鲜。这些人口的流动，将青年公益融入生活，带到基层中，尤其是带动了乡村事业的发展，为服务群体提供了新的价值。

（四）信息网络空间建设

20世纪80年代，中国开始进行信息技术建设的探索。到21世纪初，我国的网络建设已经取得一定的成果。青年作为新事物的热衷者，对网络产生了浓厚的兴趣，青年开始利用网络进行交流合作。网络事业的发展将青年公益推向一个高潮，利用网络，更多的青年开阔了视野，发现了更偏远、更需要帮助的群体。不仅如此，青年公益人通过网络，大大拓展了公益事业的服务内容和服务渠道。多年前，在网络建设还不如当今普及的时候，就呈现出了"实体组织网络化、网络组织实体化"的趋势，现在二者已经深度交融，是公益领域的一个明显的存在。越是接触网络，就越能获取资源，增加项目拓展的机会。

二、青年公益的社会价值

当前的中国社会创新，需要青年勇于实践和大胆探索。随着社会的开放和进步，青年的公益行为形式日益增多，参与的青年人群也日益增多，社会价值也越来越突出。

（一）构筑社会善心

社会的现代化需要公众参与，大力推进社会的现代化和稳定化需要公众参与，这是整个社会的群众基础。另外，还有文化基础。世界上任何一个国家都在强调社会善心对国家发展的重要性。随着市场化的进行，各种价值观涌现，对社会信誉、风气造成了巨大的影响。发展公益服务、志愿服务能有效激活群众善心。青年公益事业的繁荣可以有效降低"诚信危机""人情冷漠""道德滑坡"等特点。发展公益项目，其目的之一就是培育社会良心、稳固社会诚信体系、激励群众互帮互助。青年公益人致力于壮大社会公益组织，这给培育社会良心的项目提供了合适的土壤。在社会良心的基础上，社会公益组织所体现出来的责任心和参与性正是新时代公民精神的具体体现。社会良心的构筑，既需要社会伦理的构建，也需要社会行为的体现，更需要社会舆论的倡导。青年公益人，一方面注重对传统文化进行继承和创新，注重挖掘传统文化中的精华部分；另一方面注重对外国哲学文化进行吸收和借鉴，引入现代志愿服务的理念和形式，探索社会良心的构筑路径。通过参与者的实践和努力，逐步让公益进入民众视野，获得社会各界认同，让公益行为成为日常行为。

（二）健全社会保护

中国社会进入现代化阶段，人们面临更多的机遇，但是也增加了社会风险的种类。不论是"鳏寡孤独"遇到生活上的风险，还是社会精英、社会大众遇到的自然灾害、通勤问题等，都迫切需要社会组织提供及时的帮助。从社会学的角度来看，除了自然风险，伴随着人类活动的科技化，信息网络正在逐步发达，由此带来的风险和危机也逐步提升。市场经济模式下，单纯追求高利益而忽视社会效应的现象也在各个领域出现，单纯依赖科技是无法解决这些危机的，整个社会都需"清风正气"来处理这些问题，需要唤醒公众意识，倡导公民社会责任感，青年公益人群体的扩大，有利于形成新的社会保护力量，有利于在低风险阶段做出风险预警，并提前化解矛盾。大量的基层公益人员，用点滴的服务，构建了基层服务新的"安全网"。如今，新的青年公益人通过与职业技术院校相关专业人员的合作，特别是和社会公共管理、卫生服务人员的合作，将对社会风险及防范的研究成果应用在社会治理、社会公正、志愿服务之中，逐步在社会上培育防范社会风险、化解风险，成为保护民众的利益的年轻力量。

（三）丰富社会职业

某种意义上讲，中国的公益事业已经从"业余"发展到"专业"，再发展到"职业"的阶段，国家将社会工作者、社会志愿者等纳入社会行业领域，拓展社会职业类型，具有十分重要的价值。现在社会中，企业、政府、社会在各自领域中释放效能，各司其职。在新兴的公益行业，就业人员一方面通过公益服务改善社会环境和社会人群生活，助力社会稳定；另一方面激发了社会创业和就业的活力，拓宽了社会成员发展的途径。青年公益组织的管理者也从"业余"发展到"专职"，从"随意"到"专业"，在创新发展志愿服务项目的同时，为志愿者体验服务、扩宽途径也做出了贡献。青年社会工作者在协调社会组织开展服务活动做出人生贡献，帮助其他志愿者发现工作中的新机遇。青年社会工作者在协调和组织社区社会组织开展服务活动的过程中，帮助老年群体开发自己的才能，寻找人生的"第二次青春"。青年公益人更是大胆创新，成为"青年公益创业者"，大胆借鉴国内外经验，提高公益服务的增值能力，构建覆盖全社会关爱的服务网络。公益内容职业化，值得社会的关注和重视。目前公益行为呈现出两大趋势：一方面，青年投入公益事业的积极性正在逐步增强，并将"公益"树立成目标和方向；另一方面，建立起"青、中、老"三个年龄阶段和职业与服务体系。不仅是青年从事公益行为，中年和老年人群也不乏志愿者。这种新格局的构建，彰显着我国社会活力和社会氛围的向上发展之势，为中国职业格局添加了新的元素。当然，当下的公益服务群体还有着诸多问题，增强公益组织的活力、吸引力、发展力，有利于解决当下的问题，坚持奉献事业和推进服务的信心。❶这样公益职业才能成为丰富多样的新型职业群体，在社会治理过程中，发挥积极的作用。

　　青年公益是中国一个新的社会群体，伴随着改革开放的进程而逐步成熟，参与队伍逐步扩大，成为社会建设中不可或缺的力量。

三、青年公益创业

　　不同的学科研究，对青少年的发展有着不同的侧重点。心理学注重对青少年的认知和情感进行研究；生理学注重对青少年生理结构和功能进行研究；教育学注重青少年科学知识接受程度的研究；社会学注重对青少年社会化的过程进行研究；人学视角的青少年发展强调青年本质与本质力量的发展，包括青少年素质和能力发展。虽然各个领域的实践侧重有所不同，但是在青年发展的含义上，学界几乎达成一致的认识：从发展价值上讲，侧重青少年的优质发展；从发展要素上看，侧重青年的全面发展；从发展环境上看，侧重青少年的自由发展。❷历史唯物主义认为"人的本质是自由自觉的劳动"，青年作为劳动者的主体，这意味着青年在本质上是一种自由、自觉的劳动实践，和国家、社会之间具有历史上、现实上以及伦理价值上的实然统一性。

　　历史表明，青年发展观蕴含着人生观、价值观和世界观，发展观影响着青年的发展方式和发展路径。青年是我国生产发展的主力军，对实现国家理想有着重大作用。随着公益理念的普及和创新创业行为的兴起，公益创业在公益慈善领域采用商业运营模式来解决社会问题，这有助于激发创业活力，提升经营业绩，实现改善民生的公益目的。青年公益创业的兴起有着两方面的功能，一是为青年发展

❶ 陈天祥，徐传凯.当代青年对草根NGO的组织认同研究［J］.青年探索，2016（2）:44.
❷ 张良驯.青年发展概念的基本含义［J］.青年发展论坛，2019（5）.

提供新机会，二是有助于青年创新而为社会做出新的贡献。因此，青年创业处于社会需要、国家倡导、青年愿意的发展态势之中。职业教育必须鼓励青年进行公益创业，引导青年从事公益行为，构建公益社会，可以从以下几个角度进行探索。

（一）明确公益创业愿景

公益创业的愿景是推动公益企业拥有超越环境的动力，描绘公益企业最终的理想蓝图，使得从业者树立职业愿景，并且能够清晰地预测未来的职业走向。同时也让企业未来更加具体化，让创业者意识到，企业能够从事什么，企业能为社会发展带来什么。

青年公益创业的愿景包括了企业信仰和企业愿景两个方面的内容。未来前景描述了企业未来将要实现的目标，其中企业信仰和职工使命息息相关，规定了公益企业最根本的价值观和企业存在的原因，这是企业的核心信条。这也是企业文化的一部分，能将员工牢牢绑定在一起，成员遵守企业的共识并为之奋斗。现代社会中，青年已经不再仅仅用经济交换的思维去理解个人和企业所创建的关系。相对于经济利益来说，青年更加重视未来的发展和个人价值实现的问题。青年公益创业组织在定制企业愿景的时候，应当激发青年的自觉参与意识，理解和尊重青年的个人愿景，并将个人愿景和企业愿景相融合。青年充分参与的创业愿景更容易获取青年的认同感，也更容易产生行动力和执行力。因为这有助于青年群体在努力达成公益愿景的同时实现自身价值，并从职业劳动中获取幸福感。

（二）更新创业教育理念

职业教育也需要将公益创业纳入培养体系，在教育环节，首先要厘清创业教育培养成功的标准和理念，关注青年创业的能力。无论青年选择什么样的职业路径，培养青年公益创业的能力对于青年整个人生的规划都至关重要。拥有这种能力，青年在公益创业的过程中更具有创新能力。在青年公益创业人才培养的过程中，狭隘地定义创业成功是一大忌讳。树立正确的价值理念对我国职业教育人才体系培养有着重要的作用。创业本身就是一项十分艰难的过程，公益创业无疑是又提升了一个难度等级，这是一件耗费心血的事业，不仅需要青年耗费人力、物力、财力，甚至还需要一些"运气"才能完成预期目标。所以，在衡量青年公益创业的效果时，切忌单一化和短时行为，应该从创业能力的提高着眼。更新创业教育的理念，提升青年公益创业的能力水平，职业院校有义务对青少年进行相关培训，加强青年的自身素质，全面提高综合能力。青年公益创业者要接受和观察社会，了解和掌握社会动向，在社会万象中理解民众需要。同时，学校应该多渠道组织学生参与社会实践，在工作学习中，不断锤炼学生的管理能力和实操能力，在和社会成员的人际交流中提升学生的表达能力。同时，青年公益创业者还要致力于打造自身个性，激发青年创业者内在的潜能，塑造良好的个性和品质。

（三）多样化宣传青年公益创业

青年公益创业需要加大力度宣传，提高知名度。在实现社会责任的同时也要完成企业绩效的运转，向公共领域提供合适的产品或服务。当下的创业项目往往采取大赛、媒体竞选和协会交流等形式。其实，青年公益创业的标准、规范、产品、服务和法律政策等都可以作为宣传点。

青年公益创业也要利用好新媒体平台。不断加强新媒体在青年公益创业宣传中的引导作用。一是坚持公益创业的理念，深入报道青年创业的成果，更好发挥媒体的裂变和宣传效果，实现媒体"营销杠杆"的作用。二是利用有新闻价值的事件，吸引媒体、社会组织和群众的视觉倾向。同时也需要借助媒体优势来树立品牌形象。三是制定合适的营销战略，青年公益企业对产品和服务进行推广的时候，创业者需要洞察市场趋势，精益求精，研究市场供求状况，适当调整营销行为。

（四）拓宽国际视野

全球先进国家都在尝试青年公益创业。目前，发达国家的创业营销模式有两种，一种是政府主导的公益组织，另一种是社会力量主导的公益组织。前者代表国家有英国，后者有美国和德国。二者都有可以借鉴的地方。英国政府在税收政策上对青年公益创业组织进行了倾斜性保护政策；美国的社会基金组织、咨询机构、培训单位、学校、行业协会都对商业运营的青年公益创业组织提供了巨大的帮助。我国的青年公益项目也应该借鉴可取经验，发挥学校对创新创业的教育作用，让学生有组织可以依靠，有经验可以效仿。学校应该组织活动，加强与成功创业校友的联系，建立青年公益创业者导师团队，多途径去影响和感召青年投入公益创业项目实践中去，开阔学生视野，培养学生的创业能力。加强社会组织对青年创业队伍的指导，支持青年创业队伍的发展壮大。

第八章 职业教育发展规划

当前，我国经济发展所依赖的内部和外部条件都发生了深刻变化，而且传统优势正在加速弱化。如何创造并培育新的经济增长点，释放新的经济社会发展红利，促进我国经济在未来一段时期的可持续发展，是我国目前面临的艰巨任务。新常态下经济的可持续增长，关键是提高人力资本对经济增长的贡献，核心是发展教育，职业教育也成为重点需要关注的内容。

第一节　职业教育的发展历程

中国最早的职业教育思想可以追溯到春秋战国时期，墨家以"农与工肆之人"为教育的对象，创办了半工半读的私学，教育弟子学会生产制造的技术和技巧，开辟了中国职业教育的先河。清末洋务运动打起了"经世致用，实业救国"的大旗，近代职业教育的思想开始萌芽，工业产业开始发展，对工业人才的重视程度也在与日递增。同时，军事领域也在取得快速的进步。1911年，中华民国成立，陆费逵提出了"国民生计之赢蚀，系职业教育"的看法。此时，近代化的职业教育思想正式出现，并开始了漫长的演化之路。1949年，中华人民共和国成立，中国职业教育已经有了一定的理论基础、实践基础、物质基础，进入了一个崭新的时期。新中国成立后的职业教育可以分为探索时期、改革时期、创新时期和突破时期四个阶段。

一、探索时期

从中华人民共和国成立到改革开放前，这段时期是职业教育的探索时期。当时国家初立，经过连年战乱的影响，民生凋敝、百废待兴，尤其是中国的教育事业，迫切需要改革和发展，职业教育也不例外。国家教育事业迫切大刀阔斧地改革和发展，需要去除原有旧教育体系中的实业教育，改为技术教育，并将其纳入中国的教育体系，然后依据国家的现实力量和实际情况，建立健全职业技术学校的各项制度。职业教育仍然为国家发展，尤其是经济建设、工业建设培养专业化的人才。受到当时的环境所需，国家大量发展中等职业教育，尤其是面向大众的中等职业教育。党领导颁布了大量扶持职业教育的发展的政策规定。1954年，《政务院关于改进中等专业教育的决定》和《中等专业学校章程》的颁布，将技术学校和中等专业学校统称为中等专业学校。同时，技工学校在劳动部门的带领下也取得了长足的发展。中专、技校的发展模式初步形成。1958年，《关于教育工作的指示》颁布，提出了"两条腿走路"的方针，推动了农业中学的陆续创办。1963年，《中小学教育和职业教育七年（1964—1970）规划要点（初步草案）》颁布，要求在城市中举办各种类型的职业技术学校。这在当时具有很强的前瞻意义，也为后来整个中国的职业技术院校的发展奠定了基础。1963年职业教育司出现。1964年中等专业教育司和职业教育司合并，现代职业教育管理和运行模式的雏形出现。探索时期的职业教育发展快速，但是存在发展粗犷、路线不明等问题。探索时期的职业教育发展，目的在于逐步确立和完善职业教育体系，建立现代化的职业教育模式。但是因为当时的教育制度不成熟，并没有形成独有的职业教育制度，职业教育呈现出大起大落的发展脉络。从整体上看，探索时期的职业教育实践给中国积累的大量的办学经验，为职业教育的现代化奠定了基础。

二、改革时期

职业教育的改革时期主要是指改革开放到2010年这段时期。2010年，《国家中长期教育改革和发展规划纲要（2010—2020）》发布，这对整个中国的教育体系建设都有着十分远大的意义。

1978年，全国教育工作会议指出，需要扩大职业教育学校的比例，这为未来的职业教育发展指明了方向。改革时期的主要工作任务是基于之前的教育实践经验，结合改革开放新形势，吸收国外办学经验，打造一条适合中国国情的职业教育发展路线。该时期重点改革中等职业教育，发展中等职业教育，为国家开放事业提供制造和管理人才，这为后来整个职业教育体系的发展奠定了基础。步入新世纪，国家经济结构发展进一步加快，市场化逐步深入，这也给劳动力市场带来了巨大的供需变化，职业教育人才培养模式越来越受到民众和企业的关注。这一时期，全国的职业教育工作会议按计划召开。多项会议指出要大力发展职业教育，促进职业教育和我国经济建设同步发展。因此，该时期的职业教育发展和经济发展变化有着十分密切的联系。经济上鼓励多元发展；职业教育鼓励多种方式办学。探索时期，职业教育的发展不再以只追寻数量的发展，对劳动者的质量也开始提高要求。技术型人才越来越受到企业的欢迎，职业教育学校也在不断调整教育内容以适应市场的变化情况。这一时期，在改革开放的影响下，西方的办学思想大量传入中国，这对中国的职业教育发展提供了帮助。随着后来劳动人事制度改革、企业教育职能剥离的推进、高等教育快速发展，传统职业教育的吸引力逐步降低，普通教育尤其是本科教育越来越受到青睐。

三、创新时期

职业教育创新时期是指 2010—2020 年。2010 年，《国家中长期教育改革和发展规划纲要（2010—2020）》发布，规划了此后十年的教育改革的方向，中国职业教育也进入一个崭新的阶段。该时期的职业教育向着精细化和规范化的方向发展。职业教育注重整个环节的教育质量的提升，培养的人才也向着多方位、高标准的方向发展，逐步探索中国特色的职业教育发展路线。随着科技的进步，人民群众的生活水平逐步提高，职业教育发展的路线也更加明晰，呈现出以下趋势：一是国家大力推进职业教育的改革，开始注重职业教育和高等教育之间的沟通合作，将职业教育同终身学习结合起来；二是发展中心从中等职业教育向高等职业教育转移，探索高等职业教育发展和应用型本科大学的建设问题；三是国家更加重视建立健全的职业教育机制、加强职业教育政策法规。2018 年，《国家职业教育改革实施方案》明确指出"职业教育与普通教育是两种不同教育类型，具有同等重要地位"，进一步确立了职业教育在国民生活中的地位。

四、突破时期

突破时期是指2021—2035年。2021年，全国职业教育"加快构建现代职业教育体系"，实现职业教育体系现代化是构建先进的职业教育模式的现实路径。中共中央、国务院印发了《中国教育现代化2035》，指明了未来中国教育发展的大方向。2021年10月，中央办公厅、国务院颁布了《关于推动现代职业教育高质量发展的意见》（以下简称《意见》）。《意见》明确，到2025年，职业教育类型特色更加鲜明，现代职业教育体系基本建成，技能型社会建设全面推进。办学格局更加优化，办学条件大幅改善，职业本科教育招生规模不低于高等职业教育招生规模的10%，职业教育吸引力和培养质量显著提高。到2035年，职业教育整体水平进入世界前列，技能型社会基本建成。技术技能人才社会地位大幅提升，职业教育供给与经济社会发展需求高度匹配，在全面建设社会主义现代化国家中的作用显著增强。

职业教育发展历程表明，职业教育的迅速发展已经取得了历史性成就。职业教育在国家教育休系中占据了充分的地位，在社会主义现代化建设中也起到了突出作用，群众对职业教育的要求越来越高，促进了中国现代职业教育体系加快构建。未来，我们的教育必定是更加科学和更加现代化的。到2035年，职业教育至少应在四个方面实现突破。

（一）公平

公平是职业教育体系现代化的重要基石。公平是教育体制的首要价值，职业教育公平是社会和谐的重要基础，职业教育公平也体现了人民对于公平接受职业教育的迫切愿望。职业教育和普通教育最突出的区别就在于职业教育涉及职业定向的问题，公平的职业教育能有效改善社会人才结构，满足学生对学习和发展的需要。实现公平为建设现代化的职业教育体系打下了基础，这主要体现在：一是接受教育的机会平等，平等地享受同等的教育资源；二是职业教育和普通教育享受同等的发展机会，学生无论选择何种教育模式都能享受到公平的对待；三是在职业化过程中，学生择业和就业能获取到平等的就业机会。努力让全国人民获取到平等的职业教育，是满足人民期待、促进社会公平的表现。

通过职业教育体系建设，深度开发教学资源，弥补乡镇、农村职业教育资源不足的情况，实现优质教育的资源共享。一是促进职业教育资源配置的公平。实施生均投入公平化、师资配备均衡化、教学实训区域一体化等措施，让优质的职业教育学校带动一般的职业教育学校发展，逐步缩小区域、城乡之间发展的差距问题。二是实现优质课程资源共享。利用互联网技术，强化优质课程的普及效果，保障职业技术学校的学生能够公平享受到优质课程带来的教育提升。三是创新职业教育帮扶机制的过程和质量监控体系。强化政府对职业教育的引导及建立社会多元参与的职业教育质量监督体系，提高职业教育的质量，使职业教育更公平地服务更多学生。

（二）普及化

普及化是职业教育体系现代化的基本任务。"职业教育是我国教育体系中的重要组成部分，是培养高素质技能型人才的基础工程，要上下共同努力进一步办好"。职业教育是学生将教育和职业进行连接的纽带，现代社会的发展需要表明，人才不仅需要掌握理论内容，还需要掌握一定的实操技能。职业教育普及化是职业教育发展的必然结果，也是职业教育普惠性的具体体现。职业教育至少需要为每个学生一生的发展提供一项兜底的职业技能，为每个青年发展提供基本的发展支撑。

促进职业教育的普及，需要将职业教育的优质发展结果惠及全民领域。一方面，推动职业教育普及化是建设现代化教育体系的必然要求；另一方面，职业教育普及化能给广大青少年提供丰富的学习和就业的机会。

（三）优质化

《中国教育现代化2035》聚焦我国教育体系中的薄弱环节，提供创办世界一流教育的宏伟目标。优质教育是公平教育的更高阶段，是对当下职业教育模式的不断发展。职业教育体系现代化的结果就是职业教育优质化，这需要健全人陪考量的标准，丰富职业教育内涵，促进职业教育发展。一是制定"职业教育专业类教学质量国家标准"和"课程建设国家标准"，提高教学体系的过程质量，建设专业、课程与社会融合发展的职业教育大系统。二是以职业教育评估牵引质量提升，形成贯通职业教育全过程、全领域的职业教育评估检测体系，全面提高职业教育人才培养质量。三是强化制度创新和政府支持，增加职业教育的适应性，打造职业院校品牌效应，通过职业教育评估，以评促建。根据质量和水平分层次支持职业院校发展，建设一批高水平的职业院校。

（四）终身化

这是一种愿景，但并非不可实现。终身化的本质还是终身学习的观念。终身学习也是《中国教育现代2035》所倡导的八大理念之一，是职业教育高质量发展的结果。《职业教育提质培优行动计划（2020—2023）》提出，健全服务全民终身学习的职业教育制度。由此可见，构建终身学习的理念，是职业教育工作的重点内容。职业教育体系终身化是指让职业教育贯穿整个职业生涯的培训过程中去。一方面，需要将终身学习的理念建立在服务全民终身学习的现代职业教育体系中去，让终身学习的意识成为学生的自觉意识，成为学生的兴趣爱好的一部分，更成为一种生活方式，伴随学生整个职业发展的过程。发展职业教育，推进终身教育有利于构建学习型社会，促进人的全面发展；另一方面，将终身学习作为职业教育现代化体系的顶层设计。建立中等职业教育、高等职业教育、应用型本科教育、专业型研究生教育等不同层次的办学逻辑，使职业教育上下联动，有序运转，满足不同层次的需要和社会发展阶段的需要，是面向未来的教育，培养未来所需的人才。

实现职业教育现代化，建设职业教育强国为我国社会主义事业奠定人才基础。借鉴西方职业教育的优势，融会贯通，形成现代化职业教育的中国方案，促使中国职业教育走向世界，形成结构合理、体系完备、内涵发展的中国特色世界一流的现代职业教育体系。

第二节　教师的专业化发展

教师是教育的灵魂，中国职业教育的发展离不开职业教育教师的发展和提高。关于职业教师发展的理论基础，包括理论和理念两个部分。关于理论部分基础，可以从教师专业化的角度进行研究。关于理念部分基础，需要对职业教育发展过程中各种主流、共识性的理念进行阐释。

一、教师专业化发展理论

职业教育教师经历了一个从业余到专业化的过程。教师专业化是教师内在结构不断演进更新的过程，这既是一种认识，也是一种实践过程，既是一种执业资格的认定，更是一个终身学习、自我发展的过程。教师专业发展过程不仅是一种认识逐步成熟的过程，而且在认知发生变化的过程中，包括教师的情感、自身价值、自身需要等多方面也在发生变化。教师专业化变化大概存在以下几个方面：

（一）从教师培训到教师专业化发展

以往的职业教育教师的培养方式甚至是教育方式，基本承袭了普通教育的模式，或者是将普通教育和通用技能教育进行"简单的物理组合"，没有职业教育本身的特点。职业教育教师培育工作同样经历了一个教师通过专门的渠道获取专业的职前教育培训的阶段，职前教育培训目的也是提高教师的教育素养。这样的实施定位基本上把教师固化为一个静态的教育个人，不能让教师随着教育过程的变化而得到自身发展。近年来，我国人力资源管理中心在教师教育方面同样引入"生涯发展"的理念，丰富和充实了"教师培训"的具体内容。

职业教育教师个人专业化发展也伴随着这一过程，在原有职业技能和职业素养的基础上拓展内涵。在教师专业化发展路径上，重视教育学上关于教师内在素质、教育理念、专业技能方面的提高。这是从"生涯发展"的角度出发，指出职业教育教师在专业行业内的不同发展阶段，实现从"培训教师"到"教师专业化发展"的概念之间转变，这强调的是高等职业教育教师从自身发展出发，在整个职业发展的过程中不断提高自我素养，强调优先适应岗位、首先具备一般的教育能力，到关注学生发展、关注自身发展，提高教师工作积极性和发展积极性。同时也强调，从社会学的角度培养教师，使教师通过科学的培训和自身的精进求学，获得专业化的职业知识和从业资格，并获取社会认可的价值。

（二）目标取向从"经师"到"双师"

"经师"特指具有一定资格从事文化课程或者专业技能课程的教师。以往的职业教育教师基本上类似普通教育，这反映在培养目标和人才规格上，受限于教师自身的理论和技能养成程度，培养方式往往是一种知识的传递，这就导致学生不具备完全的知识应用能力，教师只能是"会教不会用"的"经师"，只懂理论不懂专业或者只懂专业不懂理论的人，甚至出现教师很懂技能，但是不懂教学的情况。

总之，职业教师教育体系存在一些先天不足，缺乏整体意识和统一规划，缺乏科学、合理的培养方案。社会系统不能通过合理的教育机制对未来教师提供明确的专业或行业发展要求，以至于这种教师教育在保持原有生产力背景下，逐渐演化为职业教育教师自寻出路、实现自我突破的路径，也成为后来职业教育教师专业化的基本范式。

正视以往职业教育教师专业化路径的问题，能指导当下教师发展。以往的问题导致教师培养的数量和质量都不足，不能充分适应我国现代社会对科学技术人才的需要的问题。教师专业化的发展期待职业教育教师培训能克服以往的弊端，民众也十分期待教师素质能有一个显著的改善，在这样的背景下，"双师"教师队伍建设目标应声而出，成为新型职业教育教师的基本形态。

按照教育部提出的"双师型"的教师教育标准，"双师型"教师应该具备讲师或以上的教师职称，同时又在所授专业的实际工作上，拥有中级以上的技术职称，或近五年中有两年以上本专业一线实践经历，或参与过相关专业技能培训并且达到合格的水平，或主持实践技术研究或应用的。从"经师"到"双师"，既需要教师认识发生转变，也需要相应的培养机制、考评机制、管理模式进行转变。

（三）知识结构从强调学术性到关注实践性

过去的职业教育培训中，注重专业知识、专业技能、专业策略的传授，教育或者培训旨在让学习者被动地接受各种与专业相关的既有的固定知识，教育专业化的大战出现了一定的异化：教师单纯为获取新的知识、新的技能而学习。这样的教师发展一定程度上促进了教师的学术性知识和技能的增长，却未能有效发挥职业教育教师自我发展的最大积极性，职业教育教师专业化发展向着更加深刻底蕴的方向发展，那就是对教师个人实践性知识的重视。

实践性知识渗透了教师个人的教育信念的知识，表现为教师在专业化过程中能够理性判断和选择行为主体。教师的成长需要实践知识，这种实践不仅需要教师在日常教学中获取，还需要教师亲赴生产一线，获取最新的职业知识及其他综合性质的实践知识，包括教育信念、批判精神、行业动态、国家政策、创业就业等知识。

（四）路径从单一到多元

以往的职业教师专业化是通过职前培训和职后培训进行的，培训路径不仅单一而且相对封闭。尽管之前就有了校企合作的模式，但现代校企合作模式有着很大的不同。所有的实施途径仍然是国家主导下的职业教育院校教师培训，所参与的企业往往本身和学校之间有着内在的联系，更趋向于企业参与的就是该企业所创办的职业教育学校，更像是一个企业内的培训模式，这缺乏了许多市场化的特点。

近年来，职业教育主张校本培训和专家指导相统一的模式，从根本上主张让教师研究来促进职业教育教师自身的发展，试图在教育和自我实践的方式上，弥补传统的培训方式所带来的弊端，也为职业教育教师发展带来一条切实可行的路径。

（五）教师评价更倾向于学历和能力的结合

以往的职业院校对教师专业化程度的考评指标就是看教师通过教育或者继续教育能达到一定学历标准以及专业能力。一方面，职业院校通过学历要求去激励教师来获取专业化的发展；另一方面，职业教育教师的学历也成为一种正向的引导标签，能为学校带来荣誉感，促进教师专业化。

经过多年实践和发展，我国职业教育教师的学历层次已经有了十分明显的提高。越来越多的教师意识到学历之外的实践能力对教师发展的重要性，意识到学历的代表范围是有限的，有着更多出于学历的实践技能需要自我去突破，教师自身也开始关注内在素质的提升，逐渐形成了学历和能力并重，持续获取能力的动态。

二、职业院校教师发展的思想和理念

对于职业院校教师而言，不仅需要理论基础，而且也要形成与国家意识相一致的理念认同。

（一）培养合格劳动力是职业教育教师发展的永恒主题——教育与劳动相结合的理念

教育和劳动相结合是马克思主义最重要的理念之一。马克思的历史唯物主义认为，注重教育和劳动的结合，是"造就全面发展的人的唯一办法"和"提高社会生产的一种办法"。这对职业教育教师发展也有着良好的启示。职业教育本身就是一项重视劳动教育的课程，教育和劳动结合的重要形式，其目的在于让人自由选择适合自己发展的行业并获取职业，在实现职业理想过程中实现矛盾的解决，成为社会需要和合格的现代化劳动者，职业院校的教师在其中发挥了关键的作用。

因此，职业教育和劳动的结合这一理念成为永恒主题，是职业院校教师发展的目标和方向。

（二）中国传统教育思想——教学做合一

"教学做合一"理念，是我国学者陶行知将我国传统的"知行合一"思想和美国实用主义思想"做中学"结合而来的教育思想。"教学做合一"理念不是停留在最基本的良知层面的思想，重点是在行动上。这是一种唯物主义理念，有着科学唯物主义的内涵，应该成为职业院校教师遵循的教训准则。陶行知的"教学做合一"有着深刻的含义：

第一，无论是教师的"教"，还是学生的"学"，都需要围绕行动来开展，在行动中寻找教育的有机结合，"教、学、做"是统一的，以"做"为中心，把教育统一起来。

第二，教育需要培养综合性人才。教育是一件劳力、劳心的事业，需要学生在智力和体力上都实现和谐发展。

陶行知对王阳明的"知行合一"教育思想进行了深刻反思，并结合西方思想提出了"教学做合一"的思想。后者是对前者的继承和发展，"知行合一"有着明显的唯心主义倾向。陶行知融合了杜威、克伯屈等人实用主义哲学思想，又接触了马克思主义思想后，正式形成了"教学做合一"的唯物主义思想。尽管二者在字面上有着很贴近的意思，但是在实质上，存在着教育到底应该是唯心主义还是唯物主义的根本区别。在本质上，他的主张和马克思主义强调的"理论和实践相结合"的理念是十分吻合的。换而言之，"教学做合一"的理念意义还在于它是陶行知、黄炎培等学者为代表的中国学生最终提出职业技术教育的思想，是职业教育的不二法则。

（三）坚持产教融合的理念

产教融合这一理念是企业在和职业院校深层次合作过程中产生的。在办学模式、人才培养模式、硬件环境上都需要紧密结合，实现利益成果共享，促进双向创新，为国家和社会发展提供不竭动力。

2017年，国家陆续发布《国家教育事业发展"十三五"规划》《国务院办公厅关于深化产教融合的若干意见》，提出了构建"产教融合的职业教育模式"的战略举措，支持若干有较强代表性、影响力和改革意愿的城市、行业、企业开展试点工作，随后全国范围内掀起产教融合的浪潮。此后，推动企业和学校深度融合，教育和生产融合已经成为当下职业教育发展的重要方向。

这里需要区分产教融合、校企合作和工学结合之间的区别，三者有相似和共通之处，但是也有着明显的区别。三者分别对应着职业教育不同层次的需要，是一脉相承的关系。校企合作更多是突出学校和企业之间的合作关系，工学结合则是强调学生的培养方式，指导教学层面的实践，而产教融合则是突出职业院校和企业之间在组织机构、教学过程、教学资料、资源开发、生产环境、学习环境、人才培养和评价标准等方面进行深入讨论和研究，展开深度合作。

产教融合给教师职业发展带来了深刻的启示，实际上该理念明确了职业院校教育教学工作中多主体参与的特征，职业教育教师必须注意到这一点，单靠职业院校一方努力，无法完成对学生全面发展的教育培养目标。职业教育下的学生应该有着更加强烈的职业生涯规划意识和职业技能素养，参与方越多，学生所接触到的认知面越广阔。通过产教融合的方式，建立专兼职教师结合，学校教育资源共享的职业院校新型教师队伍结构，能够解决教学标准和生产工作标准不对称的问题。

（四）学生多元智能理念

美国哈佛大学心理学教授霍华德·加德纳将智能界定为：在实际生活中解决

所面临的实际问题，提出问题并解决问题或者制造新的产品来解决既有问题，对自己所属的文化提供有价值的创造和服务的能力。强调智能的社会文化性和现实创造性，是人们学习、解决问题和进行创造的工具。他认为，每个人在某种程度上都至少拥有9种智能（表8-1）。

表8-1　多元智能理论的结构

序号	智能分类	具体内涵	适合职业
1	语言智能	具有流畅的语言组织和语言表达能力，能流利叙述故事、表达想法和与人交流	主持人、网络主播、营销员等
2	数学智能	有着良好的思维能力，对树立各种事物之间的逻辑关系有着出色的水平，擅长数理运算	数学教师、税务、会计、统计工作
3	空间智能	善于在头脑中刻画一个与外部世界运行模式相似的空间的能力。具体表现为对线条、色彩、布局、形状的敏感，并能将它们表现出来	海员、向导、建筑、画师
4	运动智能	运用整个身体或者身体的一部分去解决问题，表现为平衡、敏捷、力量或者其他由触觉引发的机能反应	教练、舞蹈演员等
5	旋律智能	对个人感受、辨别音乐的表达能力，表现为个人对音律的敏感性，能用声音、歌唱等形式来表达个人情感	歌手、音乐家等
6	人际关系智能	擅长与人交往，能注意到他人的情绪和情感变化。该智能的核心是留意他人的变化，能够辨别他人有意隐藏的意识并做出合适的反应	教师、销售员、社会工作者、服务员等
7	自我认知智能	认识、反省自身的能力。能够有意识地反省自身，并在此基础上能够调节自身，包括对自己脾气、意向的管控	哲学家、思想家、小说家等
8	自然观察智能	观察自然物质的各种形态，对物体能够辨别和分类，能够洞察自然或者人造系统的能力。包括观察、记录等一系列联系自然和人文世界的知觉能力	饲养员、兽医、农业服务人员等
9	存在智能	喜欢思考关于生命、人生、死亡等终极本质的问题	哲学工作者、法律工作者、心理学家等

多元智能理论对职业教育院校教师有着十分深刻的启示。职业教育是以社会职业为导向的，职业教育培养的也是学生日后在岗位上的能力，包括信息获取、

问题解析等具体的、实际的能力，不是抽象的能力。学生智能结构具有很强的实践性，教师要仔细观察学生在学习过程中的能力表现，客观评价学生之间的差异，实现因材施教。而不是以自己希望学生表现出来的素质来展开教学，并对学生的学习效果进行评价，这其实是唯心主义的体现。

学生在不同的教育环境中有着不同的教育表现，很大程度上取决于自身已有的认知结构，而非先天性的"智商决定"的。环境和教育对学生的学习效果有着十分深刻的影响，每一种智能都能通过适当的教育方式和教育训练来实现发展，职业教育的目的不是将学生每种智能都发展到合乎完美的地步，而是基于学生已显现出的智能和天赋，深度开发学生兴趣和特长，在促进学生综合素质发展的基础上，让学生在某一领域展示出过人的才识。多元智能理论从心理学的角度，告诉了人们每个学生与生俱来就有所不同，具有自己的智能强项，有自己的学习特长和学习风格。

第三节　体系化教育成长系统

职业教育是我国重要的教育类型，随着社会的变革，职业教育在国家教育体系中的位置越来越重要。职业教育对促进经济发展，促进人才培养模式的变革具有重要的作用。我国传统的人口红利正在逐步消失，新型技术人才、新型职业农民、新型技能人才、高级管理人才为代表的新人口红利正在产生。充分把握这一时期的人口结构特点，国家多次要求建设现代化职业教育体系，满足群众需要和社会变化的需要，努力实现高质量就业的良好预期。

一、现代职业教育体系建设的基础

现代职业教育体系建设是一项持续性的过程，也是和各种环境联系十分密切的过程，与社会政治、经济发展、文化建设相互依存的过程。现代社会是一个万物互联的社会，尤其在互联网技术的加持下，各种事物之间的联系更为紧密；人才培养本身就是一项复杂的工程，必须要从多元主义的角度出发，构建体系化培养成长路线。

（一）政策基础

职业教育是一项跨界融合的类型教育，建设现代化职业教育体系必须有跨界思维。多重社会主体的协同参与，更有利于职业教育的发展。

我国现代化的职业教育体系建设始于21世纪初，随着大量的实践，我国对职业教育体系的认知存在明显的由浅入深的趋势。截至目前，我国现代化职业教育体系建设的过程可以概括为"一个基本点，五个过程点"。一个基本点是指职业教育体系建设和人才培养应该适应社会主义市场经济的形势发展，五个过程点是在职业教育发展实践过程中，所经历的五个具体变革点（表8-2）。

表8-2　现代职业教育体系政策框架

时间	政策	相关论述
2002年	《关于大力推进职业教育改革与发展的决定》	基本特征
2010年	《国家中长期教育改革和发展规划纲要（2010—2020）》	基本特征、建设进程、内涵
2012年	《国家教育事业发展第十二个五年规划》	基本特征、建设进程、内涵、外延与手段
2014年	《关于加快发展现代职业教育的决定》	基本特征、建设进程、内涵、外延与手段
	《现代职业教育体系建设规划（2014—2020）》	
2019年	《国家职业教育改革实施方案》	总结、新趋向、现代化
	《中国教育现代化2035》	

2002年，国务院颁布《关于大力推进职业教育改革与发展的决定》，这是我国首次在官方文件中正式提出建设现代化职业教育体系的宏伟蓝图。文件在具体论述上对现代化的职业教育体系进行了说明工作，但是在论述内容上相对较少，且未对现代化的职业教育体系的具体内涵进行说明。2010年，国务院再次提及现代化的职业教育体系，但是同样论述较少。不过对现代职业教育体系的具体内涵做了引申，将职业教育体系的内涵划分为两点，一是体现终身教育、终身学习的特点；二是实现中等和高等职业教育协同发展的目标。2012年，教育部对职业教育现代化的路径做了权威和详细的规划，对现代化的职业教育体系做了权威解读，再次将职业教育建设的进程推进一步。同时颁布《现代职业教育体系建设规划》，对现代职业教育体系外延的手段进行了说明，具体包括加强职业教育内部

的有机衔接；促进职业教育经济发展有机结合；加强职业教育与普通教育、继续教育的相互沟通；建立健全政府主导、行业指导、企业参与的办学机制、推进校企合作制度化等。2014年两份重要文件对现代职业教育体系内涵再度升级，指出现代职业教育体系不仅要实现终身教育的理念，还需要实现中等职业教育、高等职业教育之间的衔接问题，实现职业教育和普通教育相互沟通。厘清了现代职业教育体系的基本框架、基本结构、运行机制之间的逻辑关系。2019年更是直接对未来的教育模式进行了规划。

（二）逻辑基础

我国现代职业教育体系建设在国家层面越来越受到关注，国家颁布相关的政策文件对现代化的职业教育体系的解读也逐步深化。职业教育正值发展的高峰时期，现代职业教育体系是一个跨领域的、多维度的复杂体系，涉及的指标体系庞大。因此，需要更加清晰的逻辑框架，促进国家对职业教育体系的整合。

现代化的职业教育体系最重要的就是"现代"，这必然需要和以往的体系做出差异，在职业教育过程中，需要考虑的是现代性的增量的问题。现代性是一个弹性的概念，在不同的领域有着不同的内涵。现代化的过程中，现代性需要集中体现在体系功能上，体现出强大的平等性、全民性、秩序性、终身性、市场化、全域性、经济性等特点。现代化的职业教育必定是体系化的职业教育，这就要求层次教育向类型教育转变，在时间尺度上与人的全面发展保持一致，排斥混乱与随机性，让自身结构清晰，并且与其他主体和领域展开交流。在职业教育发展方面，职业教育的扩展要向多维度延伸，同时也要考虑市场效益的问题，和市场高度对接，同时也追求社会效益，培育有为青年和有志青年。

现代职业教育体系功能上的现代性表现在体系结构上，则是职业教育系统、教育环境系统、社会经济系统三者的互相连接。结合国家对职业教育的框架设计，现代职业教育体系可以概括为"一纵两横"（图8-1）。"一纵"是指职业教育建设具有"类型"特征、层次完整的技术技能型人才培养路径，打通中职、高职、本科、研究生教育之间的路径；"两横"则主要体现职业教育融合方面，其一是指职业教育和整个教育环境的融合；其二是指职业教育和社会经济环境的融合，深化产教融合，增强校企合作，最终促进学生职业技能的极大提升。

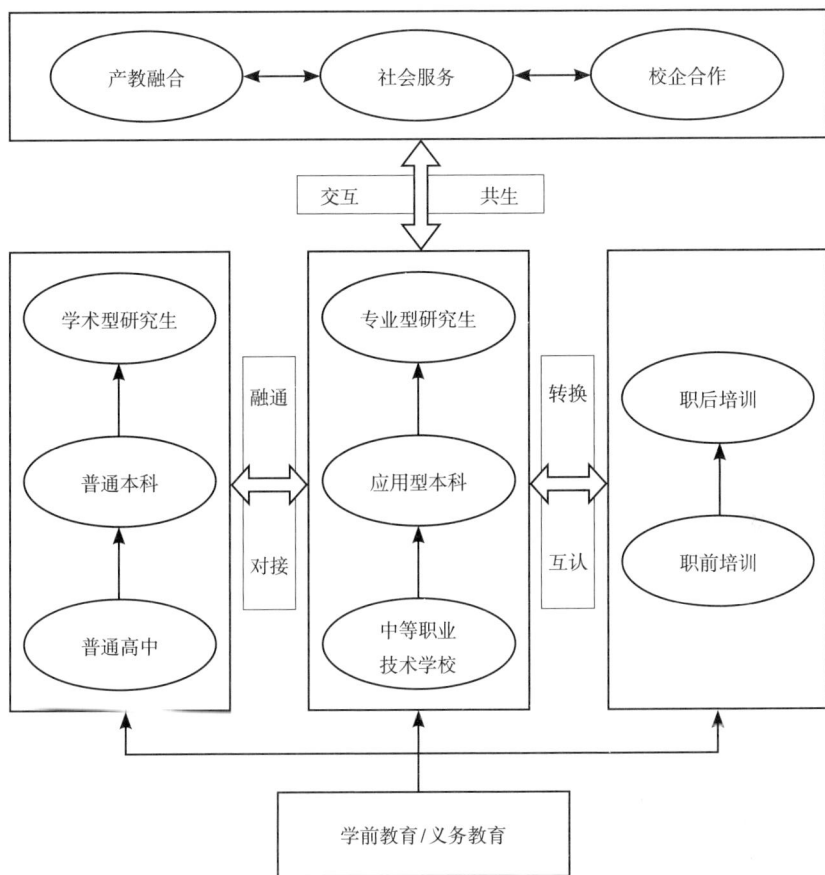

图8-1　现代职业教育体系逻辑框架

（三）框架分析

现代职业教育体系是职业教育现代化的蓝图，现代化的职业教育体系建设需要政府多方部门、职业院校、社会办学力量的合作，建设过程中的每个环节都影响着职业教育现代化建设的最终形态。到2035年，中国的职业教育必然会有全新的面貌，职业教育体系建设将会进入全新的阶段。因此，有必要对整个职业教育体系进行梳理。在政策框架和逻辑框架基础上，研究从现代化职业教育"一纵两横"的基础出发，建立三维坐标系。三维分析框架分别从职业教育自身体系建设（OA）、职业教育体系与教育体系关系（平面AOB）、职业教育体系与社会经济体系（平面AOC）出发，分析现代职业教育体系的未来的新业态，剖析现代职业教育体系建设过程中存在的新问题，探寻现代化职业教育体系的建设路径（图8-2）。

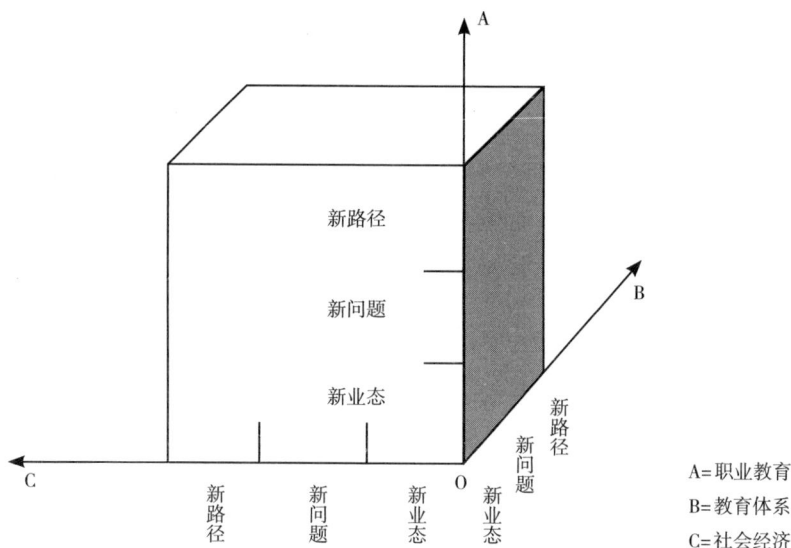

图8-2 现代职业教育体系分析框架

二、现代职业教育体系新业态

21世纪以来，我国一直积极尝试着对职业教育的探索，从国家层面到地方院校都进行了深刻的实践，不断探索适合中国国情的职业教育方案。几十年深耕，中国逐步摸索出一条比较清晰的发展路线。中国职业教育正向着产教融合、跨界融合的方向发展。

职业教育"类型化"变革的条件基本形成，职业教育的办学条件和办学质量在不断提高。职业院校正在稳步推进国家办学标准的落实，加快落实教学要求和行业标准，稳步推进高等职业教育的发展。

层次分明的职业教育学制逐步建成。自1996年国家将职业教育分为初、中、高等职业教育后，该制度沿袭一段时间，后初等职业教育被归入义务教育的一部分。职业教育"类型属性"以法律的形式被正式确立。在发达地区，逐渐打通"中职—高职—应用本科—专业硕士"等人才成长体系建设；建立"一贯制"教学学校，不断提升高职院校和应用本科对中职学校毕业生的招生比例。

进路清晰的职业教育考试制度探索。当前我国的职业教育体系分为中等职业教育和高等职业教育。中等职业教育的主要生源是初中毕业生，招生方式以自主、自愿报名为主。2014年，国务院颁布《关于深化考试招生制度改革的实施意见》，明确要求高等职业技术院校加快推进分类考试制度，实行"文化素质＋职业技能"的考核评价制度。最终职业教育招生考试和普通教育招生考试相对分离，高职院校按照自己的特点来录取学生。

宏观层面上，国家资历框架消弭不同教育类型的绝对边界。国家资历框架为教育体制融合提供理论支撑。"国家资历框架"起源于20世纪80年代的英国，起源之初目的是实现职业证书和学历证书之间的比较和转换。目前，全球主流国家和地区基本都建立了"国家资历框架"。在"十三五"期间，我国大力着手国家资历框架的建设，明确要求建立健全职业教育和普通教育、学历教育和非学历教育、职前教育和职后教育之间的沟通衔接机制。这就意味着国家资历框架能够通过标准对接，消除当前职业教育和整个教育体系之间的绝对壁垒，摆脱互不认可的情况。结合我国特殊的教育文化环境，能够显著提升职业教育的地位。目前，国家开放大学设计的国家资历框架最具权威性（图8-3）。

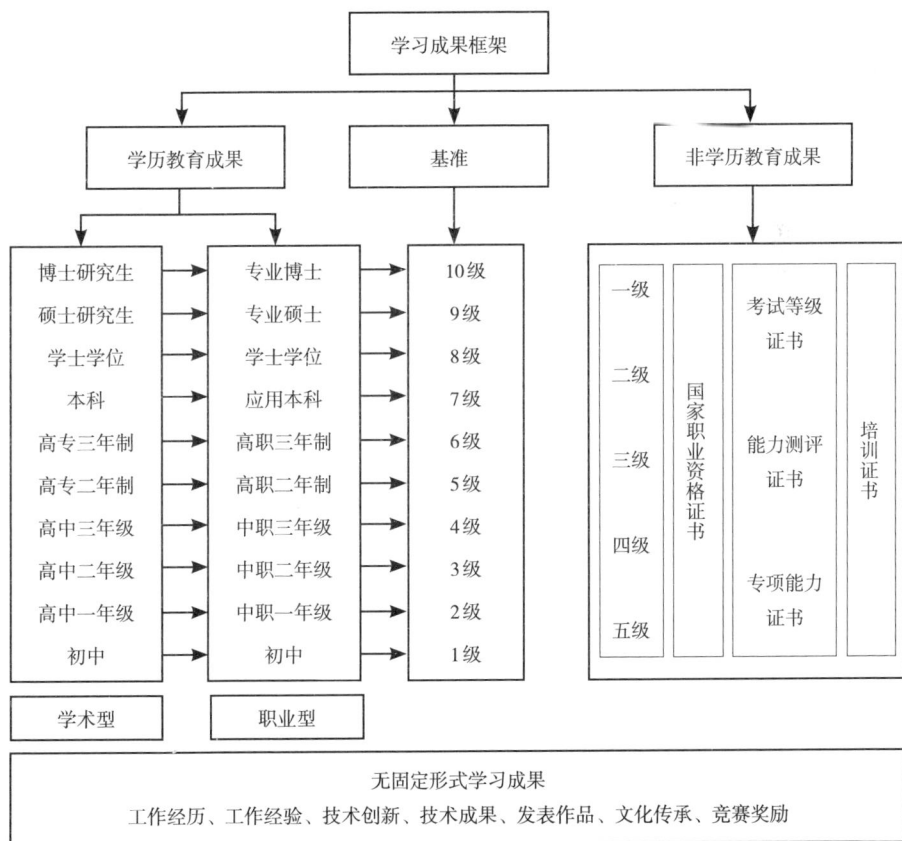

图8-3 国家资历框架级别模型

资历框架主要由基准框架、非学历教育学习成果框架、学历教育学习成果框架三部分组成，以无固定形式学习成果框架为辅助。学分银行为不同类型的学习成果互认提供技术上的保障。在资历框架中的不同类型的学习成果最终都将会转化为量化考核的学习积分。学习积分的认证、计算和转换也可以在学分银行中建立。我国的学分银行早在2003年就已经提出，因为缺乏统一规划的问题，学分银行发展较缓，随着我国国家资历框架的建立和实施，学分银行的发展也在加快。

另外一个新业态就是校企合作实现从利益驱动到双元育人方向的转变。我国职业教育的办学宗旨是服务社会经济，这就不得不考虑职业教育经济效益的问题。将经济发展有机实体的企业与职业院校联合起来，为二者打造共同的利益空间，是将来的主要发展方向。产教融合推动职业教育和区域内的经济联动发展。校企合作和产教融合共同构成现代职业教育现代化的逻辑主线。校企合作主要是教育逻辑，产教融合主要是经济逻辑；校企合作的思路是让职业教育迎合企业市场化的需要，产教融合则是将职业教育和产业发展打造成一个共同体。产教融合最大的优势就是能弥合学校和企业之间的价值取向问题，这是校企合作所无法触达的。从服务对象上而言，社会服务对象不断多元化，服务内容也不断丰富：一是职业教育从培养人才为主的学历教育转向学历和能力并重的法定职责方向转变；二是职业教育自身的社会服务能力也在不断加强，技术型教育向公共服务转变；三是职业教育积极投身服务国家乡村振兴战略之中。

当前，我国在职业教育方面已经取得了一定的成就，"类型化"的职业教育正在逐步形成，现代化的职业教育体系初步建立，我国职业教育发展进入了新阶段，当下阶段的职业教育发展又出现了新的现实困境，而这些困境成为制约职业教育发展的关键因素。

首先，中等职业教育人数存量不足，职业教育人才供应链出现断层。现代化的职业教育体系一大突出特点就是清晰的人才发展路线，维持这一路线正常运转的核心变量就是足够的人才晋升数量。自实施"高职百万扩招"后，高等职业教育在校生数量一直处于发展阶段。但是自2012年起，我国中等职业教育在校生人数呈现出下降趋势。

其次，国家的资历框架设计和劳动力市场脱钩，双方的交互机制尚未形成。国家资历框架是实现现代化的职业教育体系和整个教育体系相互融通的重要渠道。从目前我国现实情况来看，我国的学分银行已经能将不同教育体制下的学习成果进行理论上的平等互换。从国际视野来看，我国的资历框架建设仍然属于起步阶段，不管是从理论研究还是从市场角度而言，均未形成与劳动力市场的密切交互机制。

再次，校企合作缺乏利益共生机制，产教融合严重依赖政策引导。从理论上看，产教融合能够很好地弥合企业和学校之间的不对称的问题，实现优势互补。但是在具体操作中，每所具体的学校和每个具体的企业之间有着天翻地覆的差别，这种差别是天然的、本质上的差别，而要想实现产教融合，就需要在二者上找到利益连接点。职业院校属于公益性质，必须始终秉持着公益的取向；企业是商业性质，需要兼顾社会利益和企业利益。长期以来，我国产教融合过程中的商业目的被压制，缺乏利益共同点，只能导致学校和企业之间出现"合而不融"的局面。

三、现代职业教育建设的目标框架

现代职业教育体系建设的目标框架是现代职业教育体系目标的主体结构。根据以上论述以及现代职业教育体系建设目标体系分析模型，大致可以将现代职业教育体系建设的目标框架定为五个层次，即总体建设目标、外部机制体制建设目标、内部机制体制建设目标、本体建设目标和延伸目标。

（一）总体建设目标

现代职业教育体系的总体建设目标就是对其所处的空间和时间的适应性，其建设目标的关键是解决"环境—体系—主体"三者之间的耦合关系。由于社会经济的有机构成和职业主体的需求是多元化和多层次的，各产业对劳动力的需求也呈现多元化的态势，所以现代职业教育体系建设的总体旨归应该是：在国家层面统一的标准和法律制度的保障下构建多元化的职业教育体系，实现学校职业教育、社会职业培训和企事业单位职业培训齐抓并举且能互通互融；职业启蒙教育、职业准备教育、职业继续教育一脉相承且能兼顾分流、就业和转岗换业等多种需求；职业教育与普通教育相互融通且能够双向转换的大职业教育体系。其目的有二：一是以多元化的办学模式解决职业教育自身在空间上的二元对立性和生产力分布的不均衡性；二是以一贯制的办学体系和职普融通、学历证书和资格证书等值互换的国家职业资格体系为平台，满足主体职业生涯发展过程的连续性和需求的多样性。

（二）外部机制体制建设目标

现代职业教育体系的外部机制体制建设目标是处理"环境—体系""环境—主

体"之间的关系问题。前者的关键在于构建现代职业教育体系与外部环境之间的顺畅沟通的渠道，如招生、就业、社会经济有机构成的信息，教育资源、兼职教师招聘与退出等，后者的关键在于解决主体进入职业领域后的职业生涯发展问题。

现代职业教育体系的外部机制体制首先需要处理"环境—体系"之间的关系问题，充分适应社会经济有机构成的变化（或者说适应经济结构调整和经济增长方式的转变），对人才高消费的理性需求和刚性需求，以及对各种规格的高素质、高技能、高技术劳动力的需求。首先是要求现代职业教育体系必须具有开放性，主动接近产业经济组织，与产业经济组织形成互动共生的利益关系，打通学习领域和工作领域的隔阂，实现与产业企业的"零距离"对接；其次是积极吸纳国际职业教育体系建设经验，结合本地实际需要创生新的职业教育理论和模式，积极配合国家经济政治和文化的蓝海战略，对外输出职业教育服务、招收职业教育国际生源。

现代职业教育体系的外部机制体制还要处理"环境—主体"之间的关系问题。主体（师生）是现代职业教育体系的价值要素和发展的原动力，因此必须在以人为本和终身学习的理念下构建大职业教育体系，充分满足主体专业化发展和生理、心理发展的需求，最终解决"环境—主体"之间的矛盾，实现"主体"在"环境"中快意生存、自由发展和实现社会抱负。

（三）内部机制体制建设目标

内部机制体制是指现代职业教育体系内部各层次之间以及各层次内部的匹配关系，其建设目标的关键是解决"体系—主体"之间的关系。在新的发展时期，现代职业教育体系需要实现组织机构和法律制度的成套化和体系化建设，靠法治保障职业教育组织发挥应有的功能、施展特定的行为，如行政管理、中高职衔接、校企合作、实习实训基地建设、招生就业、投资捐赠、评估和督导等。这不仅需要组织建设，更需要相关法律制度的建设，否则难以实现组织内部和组织之间的"责、权、利"的明确划分，也就难以实现职业教育组织各个层面改革的预期目标和预期功能。

（四）系统本体建设目标

系统本体是指现代职业教育体系内部各层次组成的结构，其建设目标主要是解决组织层、表现层、规则层之间的耦合关系。

组织层的建设目标涉及现代职业教育体系要素、层次、类型、比例、结构、规模、布局、管理体制等方面。在要素投入方面，无外乎人的要素和物的要素。根据和谐管理理论，要想顺利实现现代职业教育体系的建设目标并发挥应有的预期功能，二者必须达到和谐性。资源投入密度需要注意均衡性的原则，以消弭由于行政和地域等先天原因造成的区域之间、院校之间资源的差异性；资源投入需要注意公益性的原则，减轻学校和学生的经济压力，使其能够通过就业后的职业活动回报社会；师生发展需要秉持人本性的原则，改革教育教学管理制度，使他们能够在法治的保障下自由发展、充分发展和全面发展；教育对象需要注意全纳性的原则，积极接纳适龄学生、退役军人、在职产业工人、新型农民等接受职业教育；师资要求具有专业性，能够在职业教育教师专业发展制度的保障下得到校本培训、下厂锻炼、学历进修等多层面的专业训练，顺利完成教育教学任务，实现专业发展；职业教育的专业与课程建设要与产业和经济的发展相匹配，避免出现结构性矛盾。此外，还要解决层次之间的衔接性问题，学校职业教育、社会职业培训和企事业单位培训等职业教育类型要互融互通，各层次、各类型之间的比例要协调发展；要根据地理区域、人口密度和产业分布等情况，搞好布局规划；根据社会对职业教育需求状况，适当发展本科及以上层次的职业教育；职业教育管理体制要实现部门之间的顺畅性，横向实现教育部、人力资源和社会保障部、工业和信息化部等部门联席互动，纵向实现中央和地方各级管理部门的顺畅协调。

表现层的建设目标涉及现代职业教育体系的建设目的、教育特色、质量水准、品牌战略、教育功能等方面。在崇尚多元化的时代，现代职业教育体系必须以终身学习的理念进行建设，充分满足职业主体在学习领域和职业领域之间多次跃迁的需要。就教育特色来看，尽管职业教育的特色已经逐渐明确，且"正在进入精细化和微调阶段"，但在教育属性方面，现代职业教育体系始终需要保持职业教育的特色，再塑职业教育的不可替代性；从规模上来看，现阶段职业教育已经可以与普通教育分庭抗礼，但是结构矛盾依然非常突出，因此必须转入内涵和质量发展的轨道上来，以"世界水准、国际一流"的卓越质量，创立能够与国际通行规则接轨的品牌定位；从教育功能上来说，以终身学习理念协调教育教学、科学研究、社会服务等功能，充分满足学习者升学、就业、转岗换业、学历深造、技能提升等多样化的学习需求，满足教师学历提升、下厂实践锻炼和教学行政交替等多样化的专业发展要求。

（五）延伸目标

现代职业教育体系延伸体是指现代职业教育体系的边界内除了现代职业教育体系本体的部分，其建设目标主要是提升社会公共管理组织以及民间教育研究和教育评价等组织，以及行业协会和学会等非政府组织，媒体与出版机构、中介组织等对现代职业教育体系建设和发展的辅助功能。现代职业教育体系延伸体的组织层的建设目标是促进属于延伸体的组织、机构的体系化，并促进它们之间建立互动合作关系，最终形成现代职业教育体系本体的有机衔接。由于我国的民间组织多具有半官方、半民间的性质，因此这些组织如果能发挥好其职业教育功能，可以很好地弥补政府和职业教育之间的管理空白区。例如，社会上独立的职业教育研究和决策支持机构（如职业教育学会等）可以协助职业学校或者政府开展研究，提供决策信息等；社会中介组织（如行业企业协会）可以为职业教育的发展提供产业升级和变化的信息，为职业教育的专业建设和课程建设提供指导和建议；职业教育的传媒机构（如职业教育的出版机构、杂志或者其他媒体等）可以为职业教育的改革造势，为职业教育的政策和成果进行宣传，为职业教育的教材出版献计献策等，引导社会改变对职业教育的观念，引导职业教育接受新的教育理念；社会上独立的评估评价与督导机构可以提供单项或者综合评价报告，为学校的发展提供参照体系，为公众选择学校提供指南，为政府投资和决策提供参考等。

现代职业教育体系延伸体的表现层的建设目标就是辅助现代职业教育体系主体功能的顺利实现，如提供建议和咨询报告、交换教育信息和情报、宣传教育理念与政策、交流教育和教学经验、分享教育资源和成果、出版教材等。现代职业教育体系延伸体的规则层的建设目标就是积极完善和制定相关法规和政策，协调和引导现代职业教育体系的延伸体大力发挥应有的职业教育功能。

四、现代职业教育体系建设的新路径

针对我国职业教育发展所产生的新业态以及新问题，要做的是客观审视当下的症结所在，找出制约职业教育发展的关键因素，探索出我国职业教育发展的新路径。

（一）推进职业教育招生改革，自下而上加固职业教育人才供应

职业教育招生制度是现代化职业教育体系的重要手段之一，目前我国建立了

多种升学制度。但是，受到传统文化和多种因素的影响，我国家长仍然有着职业教育不如普通高中"更有保障"的观念，中等职业教育似乎是一种"迫不得已的选择"。这就需要我们建立一种和高考招生一样的、能给考生提供充分选择机会的职业教育高考招生制度，而且这种改革有利于扭转家长的偏见，建立起家长对职业教育的信心。

（二）落实"管办评"分离机制，提升资历框架的社会认可度

实际上，就国家资历框架在实际运行中的结果而言，劳动力市场的可见性和话语权都相对有限。目前，国家的资历框架的管理和运行大都在教育体制框架内运行，利益相关方参与较少。虽然我国的国家资历框架建设处于初步时期，但是如果不能处理好利益方的问题，一旦资历框架进入人力资本市场，必然会出现社会认可度低的现实问题。厘清国家资历框架管理主体的权责，建立清晰的制度，对管理主体和权责问题进行详细的说明，有利于提升国家资历框架的社会认可度。

（三）探索职业教育公共产品的转化路径，催生产教融合的内在机制

我国产教融合体现出一定的政策依赖性，在具体实践中，只有相关津贴补助达到企业预期，企业才会主动参与到办学实践的过程中去，企业缺乏一定的积极性。为此，今后的职业发展路线可以探索职业教育公共化产品路径转化的问题，将市场化机制引入职业教育，催生产教融合的内在机制。一方面，企业和学校需要制定双元制人才培养成长路线，让学生实现从学校到企业的一步跨越，不需要学校成长一段时间，到企业后又重新培养。采取现代的学徒制度，用工学结合的手段，共商共建培训基地等双元制育人手段。另一方面，互联网给职业教育带来了发展的契机，创新学校和企业之间的利益分配，在国家资历背景下，建立对技术人才等级、薪酬、认证体系对应的原则。职业教育部分内容走向市场是必然趋势，互联网能加速这一进程，职业院校和企业之间通过合适的利益分配，快速实现教育产品公共化的问题，学校牵头，共同开发在线培养课程是一个良好思路。不仅有利于实现人才配给，也能将课程本身转化为利益节点。这样公共产品化的职业教育能作为企业和学校利益融合的缓冲点，既可以增强企业承担职业教育责任的主动性和积极性，也能提升当前职业教育网络课程的质量。

参考文献

［1］潘海生,殷美玲,宋亚峰,等.多源流理论框架下我国职业教育纵向贯通的政策变迁分析［J/OL］.现代教育管理,2022（7）:1-11［2022-07-08］.

［2］王顶明,李影.本科层次职业教育学位制度建设的学理思考［J/OL］.高校教育管理,2022（4）:75-84［2022-07-08］.

［3］吴文杰.新形势下"互联网+职业教育"在教与学上的策略研究［J］.办公自动化,2022,27（9）:12-15.

［4］岳阳.浅谈职业教育新形态教材出版的建设与实践［J］.传播与版权,2022（5）:32-34.

［5］王军,宣雨萱,姬君彩.黄炎培实用主义职业教育的困境与出路［J］.辽宁高职学报,2022,24（4）:22-25,30.

［6］王丹霞,王兴.高质量发展职业教育推动共同富裕的内在逻辑、基本路径与突破方向［J］.职教论坛,2022,38（4）:13-20.

［7］张华,张燕,魏小华.职业教育适应性的递进逻辑、现实困境与突破路径［J］.职教论坛,2022,38（4）:21-28.

［8］邹静,石伟平.美育在职业教育中的重要价值及实施路径研究［J］.职教论坛,2022,38（4）:83-88.

［9］田静.基于职业教育的高校创新创业教育生态系统模型构建［J］.继续教育研究,2022（5）:80-84.

［10］聂永涛,赵良吉.VR技术在职业教育实践教学中应用的研究［J］.现代农机,2022（2）:94-95.

［11］瞿连贵,周政龙,李耀莲.职业教育东西协作赋能共同富裕的实践基础及路径转向［J］.教育与职业,2022（8）:5-12.

［12］邹仕虎.新媒体用户感知价值对黏性行为的影响机理研究［D］.南昌:江西财经大学,2021.

［13］赵春永.民办中等职业教育学校内部控制优化研究［D］.石家庄:河北地质大

学,2022.

[14]高可登.景宁县中等职业教育发展中的政府职能转变研究[D].西安:西北大学,2021.

[15]吴丽娟.云南省Q市高等职业教育发展中政府管理职能研究[D].昆明:云南师范大学,2021.

[16]王悦.以人为本:20世纪60年代以来德国职业教育法规研究[D].哈尔滨:哈尔滨师范大学,2021.

[17]庞石.长三角地区中等职业教育资源配置效率研究[D].上海:华东师范大学,2021.

[18]吴国强.中等职业教育发展政府作用研究[D].乌鲁木齐:新疆农业大学,2021.

[19]郝纯.四川省职业教育产教融合政策执行存在的问题及对策研究[D].成都:四川大学,2021.

[20]李久军.中等职业教育价值取向研究[D].成都:四川师范大学,2021.

[21]王柯萌.山东省高等职业教育国际化发展研究[D].济南:山东大学,2021.

[22]黄岩.恒星职业教育集团产教融合问题与对策研究[D].青岛:青岛科技大学,2021.

[23]王雨.张元第水产职业教育思想研究[D].天津:天津师范大学,2021.

[24]杜鹏越.人力资本理论视角下约旦职业教育研究[D].北京:北京外国语大学,2021.

[25]卢耀辉.独龙族妇女职业教育阻断贫困代际传递案例研究[D].昆明:云南师范大学,2021.

[26]刘宇焓.改革开放以来我国职业教育政策工具选择研究[D].贵阳:贵州大学,2021.

[27]北京政法职业学院.高等职业教育论丛[M].北京:知识产权出版社,2020.

[28]高奇.职业教育原理[M].北京:光明日报出版社,2019.

[29]喻忠恩.黄炎培职业教育思想[M].太原:山西人民出版社,2019.

[30]黄炎培.职业教育论[M].北京:商务印书馆,2019.

[31]吕红.中国职业教育国际化策略研究[M].重庆:重庆大学出版社,2022.

[32]黄春荣.职业教育扶贫研究与实践[M].北京:北京理工大学出版社,2020.

[33]李树陈.现代职业教育理论研究[M].长春:吉林人民出版社,2020.

[34]艾利·德布鲁恩.荷兰职业教育的教与学[M].卿中全,译.北京:商务印书馆,2020.

［35］祁占勇.职业教育法律问题研究［M］.西安:陕西师范大学出版总社,2020.

［36］李承先.高等职业教育新论［M］.北京:中国书籍出版社,2018.

［37］左耘.中职职业体验教育路径探索［J］.中国职业技术教育,2020（28）:93-96.

［38］徐倩文.职业启蒙视域下中职学校职业体验研学基地建设探析［D］.桂林:广西师范大学,2021.

［39］唐艳琼.积极心理学视角下的乡村教师职业获得感研究［D］.长沙:湖南师范大学,2021.

［40］陈小诗.高中生物职业体验活动中渗透生涯规划教育的实践研究［D］.海口:海南师范大学,2021.

［41］邵玲.日本高中职业生涯教育研究［D］.上海:上海师范大学,2020.

［42］张晓凤.H市中等职业学校普职融通改革研究［D］.杭州:浙江工业大学,2019.

［43］张秋梅.中日高校职业生涯教育途径比较研究［D］.延吉:延边大学,2019.

［44］闫硕.新高考背景下高中物理学科教学渗透职业认知的探索［D］.石家庄:河北师范大学,2019.

［45］王烨.叙事学视角下韩国职业体验类真人秀节目研究［D］.临汾:山西师范大学,2018.

［46］陈慧秋.生物学教学中渗透职业生涯教育研究［D］.海口:海南师范大学,2018.

［47］吕晓亮.高职生职业体验与就业服务管理系统的架构设计与实现［D］.宁波:宁波大学,2017.

［48］李信志.中国真人秀节目的职业体验元素研究［D］.长沙:湖南师范大学,2016.

［49］张荷花.以综合职业能力为本的高职校本课程开发研究［D］.贵阳:贵州师范大学,2016.

［50］赵青.商业综合体儿童商业空间设置与设计策略研究［D］.沈阳:沈阳建筑大学,2016.